JN084017

教科力シリーズ
改訂第2版

小学校社会

寺本 潔
編著

玉川大学出版部

はじめに

　本書は，小学校社会科の教科内容とその指導のポイントをわかりやすく解説したものである。「社会科指導法」をいわば料理法と位置付ければ，『教科力シリーズ　小学校社会』はその料理に用いる材料の解説書である。

　社会科は地理，歴史，公民的な内容にまたがり，社会科専門用語も豊富な教科である。地図やグラフ，表，実物，写真，動画，歴史資料など多岐にわたる内容を有した教科であり，他教科に比べ高度な資料の読み取りが不可欠な内容をもっている。児童にとってともすれば難解な内容になり，児童自身の関心度からかけ離れた内容に陥ることもままある。教師は，いかに内容を嚙み砕き，精選し，焦点化できるか，児童の理解度に応じた内容の配列，発展的な学習への誘いなど工夫を要する点が多い。

　とりわけ，グローバル化する社会は，身近な地域社会にも影響を及ぼし，さらに，AI（人工知能）の発達に伴い，児童に見えづらい社会生活となってきている。2030年に達成目標が置かれたSDGs（持続可能な開発目標）など新規の課題もクローズアップされてきた。社会科は，常に現代的な諸課題を自分に引き寄せて学ぶ橋渡しのような役割をもった教科である。そのため，教師は指導に当たって教科内容のアップデートに努める必要がある。

　本書の内容を紹介しよう。第1章は小学校社会科の内容構成の概要を解説した。かつて，「小学校学習指導要領解説　社会編」の作成に関与した筆者の考えも盛り込みつつ，教師が社会科をどう捉えていったらいいのかを鑑みて解説してみた。

　続く第2章は戦後に誕生した社会科がその後どのように変遷して今日の姿に至ったのかが論じられている。長く教育現場で教鞭をとって

おられた元小学校校長の経験も生かしてもらいながら執筆していただいた。社会科は戦後の新教育のスター教科であったことを忘れてはならない。

第3章から15章に至る章は，学年配列も参考に単元別に構成してみた。執筆にあたり，検定教科書にその単元がどのように記載されているか，図表や写真などの教材がどのように紹介されているかも整理しつつ，教材解説に力を入れてもらった。

美味しい料理（魅力的な授業）は，新鮮で安心な食材（好奇心を引き付け，基本的な内容を示す教材）があって成り立つ。社会科授業も同様である。本書を手にした読者の皆さんが，社会科教材に内含される価値に気づいてもらえたら幸いである。

寺本　潔

目 次

第 1 章

小学校社会科の内容構成

　4年間の社会科内容の構成原理を解説するとともに，各学年ごとで時間数が多く比重が高い単元内容の紹介とそれを取りあげる意味について触れてみた。社会機能（社会の仕組み）を軸に社会認識形成を促す社会科の役割は，学習内容があって果たせるのであり，学習内容がどのように児童の社会認識を深めていくのかを整理する。

キーワード

　　構成原理　同心円的拡大　社会機能　歴史上の人物

1　4年間の構成原理

　小学校の社会科は第3学年より開始され第6学年までの4年間配当されている。一方，児童にとって社会認識はすでに低学年の生活科から始まってはいるが，生活科はあくまで「自分と社会との関わり」という窓口から，いわば自己中心的な見方・考え方を基軸としているといってよい。しかし，「通学路たんけん」や「町たんけん」「お正月の行事」「地域のおまつり」などを扱うため，身近な地域社会において社会事象と出合う体験的な学びは実現できている。社会科以前の学びとして，生活科はきわめて重要であり，6年間の子どもの社会認識形成を考えるうえでも生活科を社会科につながる基礎と位置付けたい。

生活科と質的に異なる点は，社会科は自己に引き寄せて社会を見つける観察力はもとより，他者や公共の立場から社会を見つける思考力が求められている点であり，生活科と視座そのものが異なっている。社会科では他者，とりわけ，働く人の仕事の意味やみんなのために役立つ仕事（公共）の意義に関して実感的に理解させることが重要である。社会科は，最終的に民主的な社会を築くうえでの基礎づくりを担っており，公民としての資質・能力の基礎という用語そのものが同時に社会科の内容構成の特色を示しているといってよい。ところで，社会科の構成上では次の3つが重要である。

　第1は，第3，4学年が児童の直接経験を元にした社会認識形成が展開されており，社会生活を成り立たせている要素の学習が配列されていること。たとえば，「場所による地域の違い」「ものを売る仕事・つくる仕事」「昔の道具と生活の向上」「健康で安全な暮らしを支える公共の働き」「地域の開発」「自分の住む県の様子」が主となっていること。第5，6学年では我が国の社会を成り立たせている産業や国土のようす，環境や情報化社会の重要性に触れること，我が国の歴史や政治，国際社会の中の日本について学ぶことが主となっていることが挙げられよう。

　第2には，それに伴っていわば子どもの視野の拡大と思考の高まりを学習領域の同心円的拡大とともに高学年に至るまで順々に広げる点が基調とされ，取りあげる内容も次第に身近な事象からそうでない事象が登場していることが挙げられる。今回の改訂に伴い，検定教科書でもある『地図帳』が第3学年より供給されたことも注目したい。

　第3には，とりわけ第5学年以上で算数科や国語科よりも先んじて高度で複雑なグラフや統計，社会科用語が教科書に登場すること，である。公民的資質の基礎を養うことが目標とされ，戦後誕生した社会科は，誕生時から中学年では地域社会の生産と消費生活（田や畑で働く人，商店の売り方の工夫）や社会インフラ（上下水道やごみ処理，警察や消防の仕事）の意味を追究させる問題解決学習が基調とされ，高学年に至って国土や外国，日本の歴史を通史的に学ばせる内容構成が採用されてきた。これらの構成原理は，為すことによって学ぶというアメリカの教育学者J.デューイの考えに基づくもので，今日まで小学校社会科の性格として継承されている。

2　中学年の社会科内容

　「わたしたちの市（町・村）」から開始される第3学年は，地域社会の一員としての自覚を芽生えさせる社会科らしい内容といえる。「地域は場所によって違いがあること」に気づかせつつ，方位や地図記号，土地利用などを理解し，床地図作製なども通して地域社会のイメージを地図的に形成させる。いわば頭の中に地域を俯瞰できる地図を描かせることで，2学期以降に学習する商店や田や畑，工場などの「ものをつくるお仕事」，地域社会の昔の暮らしの学習を円滑に進めるうえでの土台を構築させる役割がある。

　現代社会では都市化や情報化が急速に進展し，親が在住地以外の自治体に通勤したり，家庭においても隣町にあるショッピングセンターを利用したりするなど，他地域からの物や人の行き来に目がいってしまいがちになっている。しかし，やはり児童にとっての在住地の原風景を育てていくうえからも，身近な地域社会の姿や仕組みを学ぶ中学年の社会科単元の果たす役割は大きい。

　たとえば，学校近隣にあるスーパーの学習を通して，スーパーの商品の品ぞろえや店舗の位置，駐車場やサービスコーナーの充実度などを調べさせるなかで，そのスーパーがいかに地域社会のニーズに沿った店舗展開を行っているかに気づかせることができる。地元の農産品コーナーがあることのほかに他県や外国から運ばれてきた農産品・輸入品であることに気づかせることで，地域社会が内外との交流で成り立っている事実を理解させることができる。市の様子の移り変わりにいたっては，交通や公共施設，土地利用や人工の時期による違いに着目して，聞き取り調査をしたり地図などの資料で調べたりして，年表にまとめる学習がある。生活の道具も扱え，かつて使われていた洗濯板や井戸，釜，調理器具などの道具がいかに生活の向上に寄与するものであったか，道具の3世代にわたる変化を「道具の年表」づくりを通して追うことで，暮らしと道具の関係に気づかせる内容がある。この内容も地域社会における一般的な生活の成り立ちや仕組みを3年生なりに捉えるきっかけとなる。昔の道具は現代からみれば，古くて不便さも残っているようにみえるものの，その道具が生まれた時代では知恵の粋が加えられていたこと，道具の変遷を丁寧に追う（道具の年表）ことで，人間が生活の向上のために弛

11

まぬ努力を続けてきたこと，工夫や努力することの意義をつかませる単元となっている。

　第4学年に多く配置されている健康で安全を守る公共の仕事（飲み水，ごみ処理，ただし，消防署・警察署などの関係機関は第3学年に移行）にいたっては，水道水は単なる水ではなく，社会的に「つくられた公共財」である点に気づかせることがポイントとなっている。山地に降った雨水が森林や土壌に受け取められ，川に注ぎ，取水口や堰から導水されて浄水場に入る。浄水場では沈殿池や消毒などを経て，初めてきれいで安全な飲み水になるのである。各家庭には圧力をかけて送水されるため，水流を起こすためのモーターが稼働し，飲み水をつくる際に電力も使っているのである。まさに「つくられた水」としての位置付けを教師は教材研究のうえで認識しておく必要がある。

　ごみ処理や消防署，警察の仕事をつかむうえでも公共の仕事として「つくられた社会の仕組み」を扱うので，基本的には同じアングルをもつ学習内容といってよい。

　今回の改訂で新たに過去に発生した地域の自然災害に着目させる単元が追加された。地震，津波，風水害，火山，雪害などの中から県内で発生したものを選択して取り上げることが求められている。その際，関係機関の協力により自然災害から人々を守る活動を捉えることが大切となってくる。

　公共の仕事を100年〜150年前にさかのぼる地域の開発物語の学習も社会インフラの内容といえる。新田開発や用水開発，寺子屋の設立など歴史的な意味合いも含め，半ば道徳に近い学習が展開される。安易に郷土の偉人伝の学習に陥らないように注意したい。あくまで，現在につながる社会インフラを整備した先人の働きをきちんとした事実認識を通して理解させる扱いにしなくては社会科とはいえない。

　視野の拡大に関しても4年生は節目となる。3年生までの直接認識が及ぶ自治体から，一気に，県や国のレベルに学習領域が広がるからである。47都道府県の位置と名称認識を確実なものとし，自県を47都道府県の中に位置付ける。いわば「入れ子構造」としてその後の高学年で扱う自国と世界との関係性で県を認識させていくのである。

3　高学年の社会科内容

　国土の様子から始まる第5学年は，国民意識を地理的環境の特色という窓口から形成する重要な単元である。地理的環境の特色とは，他地域とは異なる自然条件や社会条件から見た空間的な特色を指し，国土の特色は，まず第1に地形と気候の特色から描き出せる。このうち，気候の特色を一言で言い表すとしたら，温暖湿潤，寒冷多雪という8つの漢字が当てはめられよう。日本は，温帯に位置し，概して温暖である。海にも囲まれ，梅雨や台風などによる雨も多く，湿潤の地と表現される。靄や霧にかかった里山の風景が代表的で日本人の原風景となっている。冬には中央高地や北海道などで寒冷になり，日本海側は世界的にも多雪の地域に当たる。地形のうえでは山がちで，「日本の屋根」と呼ばれる飛騨・木曽・赤石山脈が骨筋として嶺を形づくっている。河川は何千とあるが，いずれも短く，急流である。関東平野などいくつかの平野を除けば，平地は少なく，森林が多く広がっている。こうした自然条件が稲作農業や里海の漁業の発展に関係してきた。学習内容の解釈を行うにあたり，指導者としてこれらの自然の特色を「日本の美しい風景」という角度から児童に意識化させたい。

　5年社会科の前半の山場は，単元「日本の食料生産」である。米どころである東北や北海道の稲作や水産業をおもに扱うが，加えて畜産や野菜・果実の生産を扱ってもよい。稲作や漁業も自然条件の影響を受ける生業であり，「国土の様子」の前学習が有効に働くことになる。5年生の後半の山場は，自動車産業である。工業の中でおもに自動車が産業を牽引している事実から，多くの教科書で自動車工業の発達が取りあげられている。工業単元は，1つとして工程にミスが生じたら製品にならないという，工業という仕事の特色を学ぶうえでも重要な題材である。また，鉄鋼や石炭などの原材料確保の課題や製品の海外輸出，海外生産工場の建設など，グローバル社会を理解させるうえで格好の題材となっている。自動車は児童にとっても身近な工業製品であり，これからも社会科の内容として重視する必要があろう。そのほか，公害と環境保全，情報で結びつく産業と生活など，5年生は現代社会を読み解く必須の内容が目白押しである。

最終学年である6年生は，冒頭に我が国の政治の考え方と仕組みや働きについての学習が配置されているが，そのあとに続く大半の時間数を「日本の歴史」にあてている。古代から近現代に至る我が国のあゆみを通史的に扱うが，教科書のページ配分を検討してみれば，重きは室町時代以降に置かれている。これは現代の日本文化のルーツともいえる部分が室町時代に形成されている点も見逃せないからである。和室や茶道，華道，能や狂言などがこの時代に確立されている。

　42人の歴史上の人物と著名な文化財のもつ意味も見落としてはならない内容である。歴史上の人物や文化財はそれ自体，学習内容であり，時代像を代表する役目を担っている。人物と文化財の2つをセットにしつつ，各時代をイメージしやすいように指導することが求められている。その際，年表という教材も重要である。児童の頭の中に時間軸を育て，歴史の中から自分が受け継いでいける内容を整理させるのである。歴史を単に過去に起こった出来事として理解するだけでなく，歴史を後世に受け継いでいく姿勢をつくるためにも，歴史事象の中に自分を投影したり（歴史上の人物に手紙を書いたり，寸劇を楽しんだりする），共感したりする場面を意図的に用意する手立ても内容理解に欠かせない。

　最後の単元に位置づく，外国の人々の生活の様子や地球規模で発生している課題（地球温暖化や人口増加など）の解決に向けた連携・協力などに着目する学習も文化や習慣が多様であることや人間としての願いが共通であることなどを考える学習としていく必要がある。

4　中学社会科への接続

　中学校に上がれば，第1，2学年において再び社会科地理的分野や歴史的分野の学習が待っている。内容も詳細になり，外国の地理や歴史も入ってくる。いわば，日本人として知っておかなくてはならないスタンダードな地理的・歴史的内容が教科書として現出している。

　小学校社会科の学習は，中学社会科にどのように接続できるのだろうか。内容配列から見ると6年生の最終単元に「世界の中の日本」が単元として位

置づいており，中学入学後開始される社会科地理的分野でも「世界の諸地域」から開始されるので内容上のつながり，発展が期待できる。小学校では大まかに世界を把握するだけにとどまっているのに対し，中学では世界と日本の諸地域学習が充実する。いわば地誌学習の開始と位置づけてよい。

　歴史についても同様であり，再び先史時代から開始される。時代の節目はさらに詳細になり，ページ数も格段と増える。中学社会科への接続を考えるうえでも小学校において地理や歴史の見方や考え方の基礎を養っておきたい。

　公民的な分野の内容は第3学年にならないと登場しないが，小学校で扱われた社会機能の学習は，現代社会の見方・考え方の基礎となってくる。

確認問題

1　小学校社会科の内容構成の特色を800字以内にまとめよう。
2　社会機能（社会の仕組み）を理解させるために，社会科ではどのような教材を用意しているか。また，社会機能を扱う教育的な意味は何かまとめよう。

より深く学習するための参考文献
・北俊夫・向山行雄『新・社会科授業研究の進め方ハンドブック』明治図書出版，2014年
・寺本潔・吉田和義編著『伝え合う力が育つ社会科授業』教育出版，2015年
・文部科学省『小学校学習指導要領解説　社会編』東洋館出版，2008年
・寺本潔『地理認識の教育学――探検・地理区から防災・観光まで』帝国書院，2021年

第2章

戦後に誕生した日本の社会科・成立史

　社会科は第2次世界大戦後の教育改革の過程で成立した教科である。

　民主主義社会に生きる市民としての基本的資質や能力を育成するという
ねらいをもっていた。小学校の社会科は学習指導要領試案がアメリカのバ
ージニア・プランを参考にして作成された。学習の方法論として問題解決
学習を基本として，授業実践が展開された。そして，この問題解決学習の
精神は，9次の改訂を経るも，今日まで引き継がれている。

キーワード

　戦後の教育改革　　初期社会科　　問題解決学習　　民主主義社会

1　社会科成立の背景

(1) 教育改革

　第2次世界大戦後，日本の民主化は，日本を占領した連合国軍総司令部（G
HQ）によって進められた。それは，日本政府に次々と指令を出し，「ポツダ
ム宣言」にもとづき，軍国主義や極端な国家主義を取り除き，民主主義を発
展させることに力を注ぐことであった。

　教育の面では，文部省は，1945（昭和20）年9月「新日本建設ノ教育方針」を
発表し，戦後の教育の方向を示した。また，同じ月「終戦ニ伴フ教科用図書
取扱方ニ関スル件」という次官通牒を出し，国防・軍備などを強調した教材

図表2-1　初期社会科成立年表

年	月 日	教育・社会科教育に関する事項
1945 (昭和20)	9.15	・文部省「新日本建設ノ教育方針」を発表する
	9.20	・文部省次官通牒「終戦ニ伴フ教科用図書取扱方ニ関スル件」
	12.21	・連合国軍総司令部（GHQ）「修身、日本歴史及ビ地理停止に関スル件」を指令する
1946 (昭和21)	2.12	・文部省「修身、国史、地理の教科書の回収について」通達を出す
	4. 7	・連合国軍総司令部（GHQ）米国教育使節団報告書を発表する
	6.29	・連合国軍総司令部（GHQ）地理の授業の再開を許可する
	9.10	・文部省、国定教科書「くにのあゆみ」を発行する
	10.12	・連合国軍総司令部（GHQ）国史の授業の再開を許可する
1947 (昭和22)	2. 5	・文部省、新しい学校の制度実施方針を発表する（小・中学校は22年度、高等学校は23年度から実施する）
	3.20	・「学習指導要領一般編」(試案)を発行する
	3.31	・「教育基本法」と「学校教育法」を公布する
	4. 1	・新しい学校制度による小・中学校が発足する（義務教育が9カ年となる）
	5.20	・「学習指導要領社会科編」(試案)を発行する
	8.20	・文部省「あたらしい憲法のはなし」を発行する
	8.25	・文部省、社会科の教科書としてはじめて「土地と人間」(第6学年)を発行する
	9. 2	・小・中学校の社会科の授業が始まる
1948 (昭和23)	3. 1	・文部省の教科用図書委員会，教科書検定制度の規定・検定基準などを決め，発表する
	8.25	・教科書展示会始まる
	9.15	・文部省「小学校社会科学習指導要領補説」を発行する
	11. 1	・都道府県および5大都市，任意設置の市町村で教育委員会が発足する
1949 (昭和24)	4. 1	・検定教科書の使用始まる
		・文部省「中学校社会に“民主主義”の単元の設定について」通達を出す
1950 (昭和25)	4. 3	・文部省「小学校社会科学習指導法」を発行する
	8.15	・文部省「小学校社会科各学年の指導内容について」通達を出す
	8.27	・第2次教育使節団来日する
	9.30	・第2次教育使節団報告書を発表する
	10.17	・文部省「国旗掲揚、君が代斉唱について」通達出す
1951 (昭和26)	1. 4	・教育課程審議会，道徳教育の充実方策について答申する
	4.26	・文部省，道徳教育の手引書要綱・総説および小学校編を発表する
	7. 1	・学習指導要領一般編(試案)を改訂し発行する
	7.10	・学習指導要領社会科編(試案)を改訂し発行する

や戦意高揚を促す教材などを排除することを指示した。この方針にもとづき，全国の学校では，国定教科書の排除すべき部分に墨を塗ったり，切り取ったりして使用し，軍国主義の教育が改められた。これがいわゆる「墨塗り教科

17

書」であり，終戦直後の教育を象徴するものである。

　連合国軍総司令部（ＧＨＱ）は，1945年10月から12月にかけて「修身，日本歴史及ビ地理停止ニ関スル件」など４つの教育改革の指令を出した。これらの指令は，これまでの軍国主義や極端な国家主義を取り除く点において共通のねらいをもつものである。学校教育の科目に関しては，修身，日本歴史，地理の３科目は，軍国主義や極端な国家主義と関係が深く，教科の一部を削除する程度では占領政策に適合することはできないと判断し，授業の停止とともに，教科書や教師用参考書の回収を命じた。これを受け，全国の学校では，修身や歴史，地理の授業が禁止された。

　1946年６月，暫定教科書による地理の授業を再開し，同年10月新しく編集された教科書『くにのあゆみ』による国史の授業を再開した。1947年３月教育勅語にかわって，日本国憲法の精神を受けた「教育基本法」が定められ，人権の尊重，平和を求める教育を行うようになった。また，学校教育法も定められ，学校制度が６・３・３・４となり，義務教育が９年に延長され，男女共学を原則とするようになった。

(2) 学習指導要領作成の準備

　連合国軍総司令部民間情報教育局（ＣＩＥ）は，1946（昭和21）年９月，文部省に新しい学校制度のための学習指導要領（Course of Study）の作成と新しい教科書の作成を指示した。文部省は，同年10月社会科について学習指導要領の作成と新しい教科書の編集を進めることになり，社会科教育の準備委員会を設置した。アメリカの助言によって，小学校はバージニア・プランを参考にして，学習指導要領の作成に取りかかった。

　1947年１月，東京都港区桜田国民学校を実験校として，我が国最初の社会科の授業「郵便のたび」が実施された。

　文部省は1947年３月『学習指導要領一般編（試案）』を刊行した。一般編は，序論，第一章教育の一般目標，第二章児童の生活，第三章教科課程，第四章学習指導法の一般，第五章学習成果の考査などから成り立っている。そして，第三章教科課程で社会科について，次のような解説をしている。「この社会科は，従来の修身・公民・地理・歴史をただ一括して社会科という名をつけた

というのではない。社会科は，今日のわが国の国民生活から見て，社会生活についての良識と性格を養うことがきわめて必要であるので，そういうことを目的として，新たに設けられたのである。ただこの目的を達するには，これまでの修身・公民・地理・歴史などの内容を融合して，一体として学ばなくてはならないので，それらの教科に代わって社会科が設けられたのである」

　このように，社会科は，修身，公民，地理，歴史に代わって広域総合教科として新設されたのである。

　文部省は1947年4月に「社会科実施について」の通達を出し，社会科の実施を，学習指導要領や教科書の作成を見通したうえで，同年9月に延期することを明らかにした。

2　昭和22年版学習指導要領の刊行

　1947（昭和22）年5月「小学校の学習指導要領社会科編（試案）」が刊行され，授業は同年9月より実施された。従来の地理，歴史は小学校の第5学年から学ぶことになっていたが，社会科は小学校の第1学年から学ぶようになった。このことは，我が国の教育課程史上，実に画期的なことである。

　小学校の「学習指導要領社会科編Ⅰ（試案）」の第一章序論は，社会科の一般原理を述べたもので，初期社会科（昭和22年度版，昭和26年度版）の性格がよく表れている。そこには以下（1）から（3）の記述がある。

（1）新しい社会科の意義

　新しい社会科の意義について「今度新しく設けられた社会科の任務は，青少年に社会生活を理解させ，その進展に力を致す態度や能力を養成することである。そして，そのために青少年の社会的経験を，今までよりも，もっと豊かにもっと深いものに発展させて行こうとすることがたいせつなのである。社会生活を理解するには，その社会生活の中にあるいろいろな種類の，相互依存の関係を理解することが，最もたいせつである」と述べている。また，「この相互依存の関係は，見方によっていろいろに分けられるけれども，ここでは次の三つに分けることができよう。一，人と他の人との関係，二，人間

19

と自然環境との関係，三，個人と社会制度や施設との関係という3つの観点から見ていくことが必要である」と述べ，「社会科においては，人間性の理解とそのうえに立つ社会の相互依存関係を理解させようとするものである」と説明している。

　このようなことを学習を通して，学ばせていくのであるが，学習の過程で重視しなければならないことは，①児童の社会的経験を豊かに発展させていくこと，②児童の自主的・科学的な考え方を発展させていくことの2点である。そして，社会科の授業を通して，社会生活についての正しい理解を図りその進展に寄与する態度や能力を育成するところに社会科教育の意義がある。

　社会科の学習指導要領は，8回にわたって改訂されているが，この社会科の基本的なとらえ方は一貫している。

(2) 社会科の目的

　第1節「社会科とは」において，社会科の目的について「今後の教育，とくに社会科は，民主主義の建設にふさわしい社会人を育て上げようとするのであるから，教師はわが国の伝統や国民生活の特質をよくわきまえていると同時に，民主主義社会とはいかなるものであるかということ，すなわち民主主義社会の基底に存する原理について十分な理解をもたなければならない」と述べ，その民主主義社会の原理について，以下の7点をあげている。

1　民主的な政治は，適正な選挙制度及びよく民意を反映する議会を必要とする。
2　政治・経済，資源や技術の利用が万人の生活程度を高め，また安寧を維持するように行われる。
3　信教・言論・出版・集会・請願等についての個人の自由が確保される。
4　正当な個人の財産は保護され，公共のためにのみ正当な方法によって取り上げられる。この際負担の公平が期せられる。
5　公正な裁判によって，個人の権利侵害が防止される。
6　法の執行は，適正に選任された官公吏のみによって行われ，個人や

団体が私的に裁判や処分をしようとすることは拒否される。
7　各個人は，すべての公私の義務を果たす責任を持つ。

(3) 社会科の学習方法論

　社会科の基本的な性格として問題解決学習の方法があげられる。これは社会科の原点といえよう。学習指導要領第1節「社会科とは」では，その原理について，以下のように説明している。

　　社会生活がいかなるものかを理解させ，これに参与し，その進展に貢献する能力態度を養うということは，そもそも教育全体の仕事であり，従来も修身・公民・地理・歴史・実業等の科目は，直接この仕事にたずさわって来たのである。けれども，それらの科目は，青少年の社会的経験そのものを発展させることに重点をおかないで，ともすれば倫理学・法律学・経済学・地理学・歴史学等の知識を青少年にのみこませることにきゅうきゅうとしてしまったのである。したがってこれらの科目によって，生徒は社会生活に関する各種の知識を得たけれども，それがひとつに統一されて，実際生活に働くことがなかったのである。いいかえれば，青少年の社会的経験の自然な発達を促進することができなかったのである。社会科はいわゆる学問の系統によらず，青少年の現実生活の問題を中心として，青少年の社会的経験を広め，また深めようとするものである。

　ここに示されている重要なことは，社会科の学習方法論として，児童・生徒が現実生活の問題を中心として自らの社会的経験を広め深めることを指摘している点である。今日，社会科の授業づくりにおいて，問題解決学習の充実が強調されているが，その原点はここにあるといってよいだろう。
　新しく創設された社会科は，民主主義社会における人間の基礎的資質や能力，態度を育てるという目的をもち，カリキュラムの構造としては「統合」という性格をもち，学習方法論としては問題解決学習という方法をとって出発したのである。

3 社会科実践上の課題

1947(昭和22)年9月以後，我が国の小学校中学校では学習指導要領試案を参考に社会科の教育課程を編成し，新社会科の研究と実践が進められていった。しかし，新社会科は，これまでの歴史や地理などとまったく性格をことにするものであり，多くの教師にとって，これを正しく理解し実践にうつすことには困難がともなった。とくに，社会科の学習内容を選択し，どんな作業単元をつくり，どのように発展させていったらよいかということが大きな課題となった。

(1) 地域プランの開発

そんななかで，全国各地では地域プランの開発が進められ，さまざまな社会科プランが作成された。東京都港区桜田小学校の桜田プラン，千葉県館山市北条小学校の北条プラン，奈良女高師附属小学校の奈良プラン，神奈川県南足柄市福沢小学校の福沢プラン，川口市新教育研究会の川口プラン，などが代表的なものとしてあげられる。

(2) 小学校社会科学習指導要領補説と学習指導法の刊行

1) 小学校社会科学習指導要領補説

1948年9月，文部省は『小学校社会科学習指導要領補説』を刊行し，各地域のプランの開発を参考として「作業単元の基底」を示した。

第1学年　家庭、学校、友だち、健康な生活

第2学年　近所の生活、農家、商店、郵便集配人、公共のために働く人々

第3学年　地域社会の生活、動植物と人間、地域社会の交通・運輸
　　　　　（いずれの項目も「できるなら大昔の生活と比較する」との注がある）

第4学年　地域社会の現在と過去、昔の交通・通信、資源の保護・利用、昔の商工業

第5学年　衣食住の発達、現代の交通・通信・運輸、保健と厚生慰安、政

治（公共の福祉のための制度と施設）

第6学年　工業と動力、新聞とラジオ、交易、わが国と関係の深い国々、現代社会とその将来（現代社会の諸問題）

2）学習指導法

　文部省は，1950（昭和25）年『小学校社会科学習指導法』を刊行した。

　第1章において，児童の発達，第2章では，発端（導入）活動の発展，終末活動という学習活動の展開を解説し，第3章で，おもな学習活動と指導法として，7つの学習活動や形態，指導法を紹介している。

　「グループ活動」「話し合い」「構成活動」「地図，年表，グラフおよび説明図の作成ならびに利用」「劇的活動」「書物その他参考資料の利用」「見学・調査・面接」の7種類である。この「学習指導法」の発行を契機として，これらの活動を中心とする活動主義の社会科が展開されていった。

4　昭和26年版学習指導要領の刊行

（1）社会科の意義

　昭和26（1951）年版学習指導要領は初期社会科の決定版といわれるもので，今日でも高く評価されている。構成は，第1章社会科の意義，第2章社会科の目標，第3章社会科の学習内容，第4章単元のつくり方，第5章社会科における評価から成り立っており，附録として，単元の基底の主眼と単元例がつけられている。社会科の意義について「社会科は，児童に社会生活を正しく理解させ，同時に社会の進展に貢献する態度や能力を身につけさせることを目的とする」と述べ，そのためには児童が「実生活の中で直面する切実な問題を取りあげて，それを自主的に究明していくことを学習の方法とすることが望ましいと考えられる」と学習の方法を明確にしている。

（2）社会科の根本目標

　社会科の目的を達成するためには，次のような目標によって指導を行うことが望ましいとしている。

1　自己および他人の人格，したがって個性を重んずべきことを理解させ，自主的自律的な生活態度を養う。
2　家庭・学校・市町村・国その他いろいろな社会集団につき，集団内における人と人との相互関係や，集団と個人，集団と集団との関係について理解させ，集団生活への適応とその改善に役だつ態度や能力を養う。
3　生産・消費・交通・通信・生命財産の保全・厚生慰安・教育・文化・政治等の根本的な社会機能が，相互にどんな関係をもっているか，それらの諸機能はどんなふうに営まれ，人間生活にとってどんな意味をもっているかについて理解させ，社会的な協同活動に積極的に参加する態度や能力を養う。
4　人間生活が自然環境と密接な関連をもっていることを理解させ，自然環境に適応し，それを利用する態度や能力を養う。
5　社会的な制度・施設・慣習などのありさまと，その発達について理解させ，これに適応し，これを改善していく態度や能力を養う。

次に，生活態度を育成する観点として以下の4点をあげている。

1　豊かで重厚な人間性を育てること
2　統一のある態度を形成すること
3　上の観点を根底として，清新で明るい社会生活を営む態度を養うこと
4　創造的な問題解決に必要な力を養うこと

　社会科の学習指導要領の中に，上記の1，2，3のような民主主義社会の道徳的なあり方を設定したことは注目に値する。
　第4の観点である創造的な問題解決に必要な力と関連して，社会科で養わなくてはならない力をあげている。それは，

1　問題を客観的，合理的に解決する能力

2　集団生活を民主的に営むための基礎的能力

3　生活を豊かにかつ能率的にするために，社会の諸施設を愛護し，有効に利用する能力

である。

　このように見てくると，初期社会科は，デューイに代表される経験主義の教育に立脚し，同心円的拡大主義をとっていることがわかる。

5　新教育に対する批判

　新教育への「はいまわる経験主義」「はいまわる社会科学習」という批判が1950（昭和25）年になると展開されだした。社会科が社会の生活現実の学習を目指すとしながら，児童の興味に引きずられ，断片的な事柄を取りあげていた授業の実態を批判するものであった。それは，学習内容の系統性の欠如に対する厳しい批判であるといえよう。

確認問題

1　民主主義社会形成と初期社会科が果たした役割について述べよう。

2　何回の改訂を経ても変わらない社会科の原理は何かを述べよう。

より深く学習するための参考文献
・小原友行『初期社会科授業論の展開』風間書房，1998年

第3章

身近な地域・わたしたちの市・わたしたちの県

　この単元は，社会科を学習していくうえで基本的な身近な地域に関する空間認識形成に関わる内容である。学区から市（区・町・村）・都道府県に至る社会事象の広がりや特色を地図や写真，統計資料などを通してつかませ，郷土に関する意識や公民的資質の基礎を醸成するためにも重要な単元である。必ずしも学年に応じた同心円的な学習領域の拡大にこだわるのでなく，他地域との関わりや物・人の交流を題材に児童の空間認識の外延的な拡大を果たすように扱う。

キーワード

　基本方位　地図記号　土地利用　特産品　他地域との交流

1　さまざまな地図や写真，統計の教育的活用

　3年に配当されているこの種の単元は，社会科の学習領域の空間的な基盤にあたる内容である。社会的な事物・事象がどこにあるのか，開発やその後の都市化や過疎化などの地域の変容を通して交通や土地利用，特産品や他地域との関係などがどのように変化してきたのか，それらの概要をつかませる単元であり，公民的な資質を養ううえでも重要な役割を担っている。これらの単元では，多くの地図や写真，統計を用いることが求められ，教科書にも例示が掲載されている。自治体の教育委員会で編集された社会科副読本を活

用している市町村においても検定教科書に基づいて編集されているため，ここではおもに教育出版の社会科教科書『小学社会　3年』をもとに解説してみたい。

（1）3年単元「わたしたちのまちと市」の場合

　この単元は，「まちの様子」と「市の様子」の2つの小単元で成り立ち，実際は学校の周りの地図や勤務校の属する自治体を扱うので，学区の平面地図や市区町村の市街地地図を入手することから教材研究は開始される。東西南北の向く方位を体操のように両手を動かして指し示す体験的な学習（図表3-1参照）を通して，地域は場所によって違いがあることがわかるようになる。その地域とは方位ごとに把握できる地形や都市利用の状況であり，客観的な地域の地理的把握が重要になってくる。学区域を調べる前半の単元では，都市部の自治体をカバーする国土地理院1万分の1縮尺の地形図や役場でもらえる5000分の1縮尺の都市計画図などが使いやすいが，ゼンリン社の住宅地図（1500分の1縮尺）も戸建ごとの表示があるのでまち歩きには適している。ただし，等高線が不正確で粗いため，高低や土地利用を調べるには不向きな地

図表3-1　東西南北体操

出所）寺本潔『人気教師の仕事術44』黎明書房，2005年，p.62から作成

図表3-2　単元「わたしたちのまちと市」に掲載されている図や写真

単元名	掲載されているおもな地図や写真	解説と指導のポイント
まちの様子	上空から見下ろした市街地のイラスト	児童と鳥のキャラクターがまちを見下ろす。駅やバス，道路，祭りで賑わう商店街，多くの住宅や公園，学校，水田，河川などが描かれており，自分のまちとの類似点や相違点に気づかせる手がかりとなる。
	屋上から4方位に見える景観	横浜市のある小学校の屋上から東西南北ごとに見える景観写真が4枚ある。目印となる新幹線の駅や森，大きな建物など景観の着目点が児童の吹き出しで示されている。
	方位ごとのたんけんコースを示す市街地地図と絵地図製作	方位ごとに探検するルートや見学する施設や場所の写真，商店街や駅，図書館でのインタビューの様子，絵地図作製方法が例示されている。指導の手引きの役割を担っている。
市の様子	横浜港を上空から撮影した写真	「空から見ると市の様子はどのようになっているのだろう」という問いかけがあり，写真を通して市域の広がりや特色を大づかみさせるように配慮されている。
	神奈川県の市町村地図と横浜市の地図と8方位図	県のなかでの横浜市の形が示されている。6つの場所ごとで自分たちの住むまちの土地の使われ方を調べる。
	市内の特色あるまちごとの空中写真と市街地地図	市役所のまわり，駅のまわり，海に面した所，緑の多い所，住む人がふえている所，古いたてものがある所の6カ所の土地利用を調べ，最後に市の土地の様子をまとめるように構成されている。

図である。多くの小学校では，学習用も兼ねて学区域の白地図（河川や街路，おもな公共施設だけが記入された地図）が準備されているので実際の学習指導にはその地図を使うことになる。しかし，やや不十分さが否めない点は，高低差が十分には読み取れないため，学区域の地形の把握に不備が生じる。とくに学区の低い土地を認識させて水害にも注意を促す防災学習を意図した場合には使えない。多くの自治体では，市町村のハザードマップが作成されているので，それを活用したい。

　後半の単元である「わたしたちの市の様子」に至っては，市域の地図を使用するため，市販の道路地図の類いも教材として使用可能である。昭文社から発行されている都市別エリアマップや，市役所でもらえる広域避難所なども記された市の市街地地図なども教材になるだろう。市域の地図を用いて，おおよその地形や河川の流れ，海岸線，おもな公共施設や公園などの施設，

田畑や宅地，工場地などの用途別の土地利用の把握，市の形が何の形に似ているか，特産品なども学習内容として取りあげることになる。

　ここで問題となるのは，児童の内容に対する理解度である。学区程度の様子に関しては，生活経験からある程度の経験知が積み重ねられ，地理的にも自分の住む学区がどのようになっているかは把握できているものの，学区よりはるかに広大な「市（上記の教科書の場合は横浜市）の様子」を理解できないからである。そこで，2つの指導と内容を絡めて理解を促す方法がある。

　1つは，必ず市域の中での学区の位置を明確化することである。自分の住む学区が市の中のどのあたりにあるのか，市の中心部からどういった方位に位置し，市域と比べてどの程度の広さを学区は有しているかを確認させておくことである。

　2つ目は，市の交通や河川，海岸線など線的な要素を生かしつつ，線に沿って人差し指をなぞらせて，認識を図上で伸ばすことである。とりわけ，鉄道や幹線道路に沿って地名やおもな建物を取りあげつつ，学区付近から始まり，市域に交通網の確認を通して認識を広げることである。「国道○号線に沿って学区から南へ進んでみよう。△△ショッピングセンターがあるね。そこを過ぎると隣の市に入ります」などといったように市域を具体的な地名や有名な施設名を入れつつ扱うことで児童の地理的な空間認識を確かなものにしていくことができる。

（2）4年単元「わたしたちの県のまちづくり」の場合

　この単元では，日本全図を扱う場面から開始される。4つの大きな島と47もの都道府県で構成されている「我が国の様子」を概観させてから自県の学習に入っていく。

　つまり，県の学習では，4年の冒頭で，まず47都道府県の仲間としての県を登場させて，日本の都道府県の構成に気づかせ，その後で次第に県の地理的な学習内容に移行する手順で構成されている。これは，後述するように自県の理解を国―県―市（学区）というように学習領域がいわば「入れ子構造」のように構成され，全体である自国の中に自県があることを認識したうえで「県の様子」を学んでいく流れとしたいためである。また，自県の特色を理解

29

図表3-3　単元「わたしたちの県のまちづくり」に掲載されている図や写真

単元名	掲載されている おもな地図や写真	解説と指導のポイント
47都道府県と自県	日本の都道府県の区分図	自分の県が日本全体の中のどこに位置しているのかをつかませる。
県の地図を広げて	福岡県の等高段彩図，衛星写真，土地利用図，県産物のイラスト図，交通網図	県の形や地形，土地の使われ方，農業や工業，交通の様子などを概観し，地図帳も活用しながら県の地理的な特色を理解させる。
焼き物を生かしたまちづくり	県内の特色ある地域の写真，小石原焼の製作過程の写真	伝統的工芸品である焼き物を軸に東峰村のまちづくりを紹介。焼き物作りが盛んになったわけを調べ，民陶むら祭などの努力に関わっている人の話を聞く。
昔のよさを未来に伝えるまちづくり	太宰府天満宮への参詣写真，多くの文化財や博物館，菅原道真，梅ヶ枝もちの写真	太宰府に多くの文化財が残されているわけを調べながら，開発から史跡や文化財を守り，地域のよさを受け継いで，まちづくりに努力している人々の様子をつかませる。
自然を生かしたまちづくり	岡垣町の景観写真，「海がめもかえるまち」の人々の願い	岡垣町で残っている美しい松原の保全に関わっている人々の努力とウミガメの産卵やびわ栽培の保全と育成を解説している。地域の宝物として守っていこうとする意識を養う。
国際交流がさかんななちづくり	福岡空港や博多港の写真と飛行機・貿易でつながるアジア地図，県内の都市との友好都市の世界地図	人や物の行き来でつながる県の様子を入国者数や交流の写真，国旗や貿易で働く人の話などを通して，昔から続いているアジアとの交流の事実を理解させる。

するにも，他県との位置や形の違い，県のイメージなどを窓口にして比べさせることでいっそう，自県への理解が深まることを意図している。

　さらに，「県の様子」を扱った後で，伝統・文化と自然環境の2面から特定の県内の自治体を取りあげて学習（ただし，学習領域の拡大を促すためにも自分の市は取りあげない）させ，自県への理解と親しみを増すように促すことも大事である。多くの県では，前者は伝統的工芸品を生産している地域を事例にして解説し，後者は自然保護を大切にして地域作りに励んでいる事例を用いている。これらの事例学習を通して，県内で地域のよさを生かしながら，さまざまな地域活性化への努力が営まれている事実をつかませ，自分も県民の1人として地域作りに関心をもち続けようとする態度を養うことが期待されている。

　最後に配置されている自県と他県や外国とのつながりに関しても，航空機

や船舶によって国内外と密接につながっている自県を正しく理解するうえで欠かすことのできない内容である。今や，県は国内外との物的人的交流が盛んになっており，自県民としての自覚と誇りを養ううえでも重要な単元となっている。このことで，児童の視野が外国にまで拡大するように意図されている。

2　指導内容の重点

（1）身近な地域の捉え

　「わたしたちのまちと市」という3年冒頭の単元は，前述したようにその後の社会科学習の基盤を形成する重要な学習内容を含んでいる。児童にとって「まち」は，それまでの1・2年生の生活科学習において「自分と社会のかかわり」といういわば自己中心的なアングルから愛着のある場所として捉えればよかった。教科書記述のなかでも「あおいさんたちは，生活科のまちたんけんの学習をふり返りながら，自分の家やよく行く場所をしょうかいし合いました」（『小学社会3』教育出版，p.6）と書いてある。

　このように指導にあたっては，生活科からの発展を意識しておくことで児童にとって無理のない学習となるだろう。

　しかし，社会科学習においては他者と共有する対象として「まち」を捉える視点が欠かせない。教科書のページをめくると，駅で駅員さんへのインタビューの際に，教科書中の登場児童の吹き出しとして「この駅は何人ぐらいの人がりようしていますか」と駅を利用する側の視点の転換が示されている。さらに，土地の高い所とひくい所をたんけんした登場児童の吹き出しには「坂にそって，たくさんの家がかいだんのようにならんでいるよ。土地に，でこぼこがあるんだね」と地形の高低への気づきも記されている。川沿いをたんけんした登場児童の吹き出しには「鶴見川の方は，ひくくなっているんだね。工場やマンションなどが，ならんでいるね」と土地利用につながる視点も盛り込まれている。まとめの段階では，「土地や交通の様子」と「たてものの様子」の2つの視点から，たんけんのコース別に表にして比べてみることで「場所による地域の違い」を概念化している。

以上のように，児童にとって身近な地域の捉えとして場所による違いというアングルが社会を見つめていくうえでいかに大切なのか，自分も関わっている社会という概念や仕組みに対して，この単元を通して具体的に理解するように位置付けられている。自己や他者がともに暮らしている「まち」が，どのように造られているのか，交通や建物のある場所を空間的にも把握させつつ，公民としての資質の基礎を養う社会科の役割にとってきわめて重要な基盤がこの単元で養えるのである。

（2）地図の技能育成に関わる内容

1）学習指導要領と同心円的拡大

　現行の「小学校学習指導要領　社会」においては，厳密な形の同心円的拡大方式は採用されていない。たとえば，第4学年の学習内容にある「県（都道府）の様子」を扱う場面で，身近な自県以外の「47都道府県の名称と位置」が挿入されている。また，第5学年の「国土の様子」を扱う場面で日本列島とその周辺の地理的事象だけでなく，「世界の主な大陸と海洋」「主な国々の名称と位置」も扱う。学年の区切りが空間的な学習領域の区切りにならないで，いわば「入れ子構造」になる形で外延的な拡大方式を採用しているのである。

　現行の2つ前の指導要領である1998（平成10）年版では，子どもの空間認識の発達を踏まえたというより，学習構成の点から，学年で区切ったほうが内容のまとまりがつくりやすいといった教育課程作成側の論理が重視されていたことも否めない。学習領域は階段を学年ごとに積み上げていくようにきわめて厳密に決められ，その結果，3年は市，4年は県，5年は国，6年で「日本とつながりのある外国」を扱う単元が3学期になって遅れて登場するという事態を招いていた。

　今日，子どもの地理的な空間認識を調べてみると，幼いころから市外や県外の他地域やときには外国の情報と接し，興味や関心が必ずしも学区や市といった身近な地域に限られているわけではないことが顕著になっている。実際に旅行で市外や県外，国外にまでも出かけていく経験をもつ3年生や4年生も多い。子どもは，学区や市の身近な地域のことしか理解できないと速断するのでなく，また身近な地域の事象のほうがやさしい内容であると限らな

いことを改めて認識する必要がある。グローバル社会や知識基盤社会の進展も影響している。広い視野から市や自県，他県を認識し，正しい世界像を子どもなりに獲得する地図技能と地図認識に到達することが，社会的にも求められている。この点からも2017（平成29）年に改訂された現行の学習指導要領は，子どもの空間認識を促す指導において一定の改善が施された改訂と評価できよう。

　しかし，学年の区切りと学習領域の区切りを同一にするという厳密さはなくなったものの，依然として大筋では同心円方式に近い。第3および第4学年の内容を見てみれば，子どもの在住する市町村や都道府県の社会事象を扱う内容が主であるからだ。とりわけ，本単元のあとに学ぶスーパーマーケットの販売の工夫や4年で扱われる自治体が取り組む飲料水の確保や廃棄物の処理などの内容では，子どもが直接目にできる地域の事象がほとんどであり，それらの内容はすべて自分の住む市町村や県の地図に示すことができ，3・4年社会科が別名「地域学習」と呼ばれるゆえんである。

　ただし，ここでもスーパーで見かける食材の中には県外や遠い外国産のものもあること，ごみ処理や大きな火災や風水害の場合には自治体の枠を越えた協力体制がとられていることなどを扱うように促されており，同心円的拡大方式は崩れている。むしろ，大いに児童の学習領域を外延的に拡大するため，広い視野に立った扱いこそ重要なのである。そのためにも，こういった学習において地図帳をもっと活用したい。

　2)「ちずことば」と内容
　基本的に地図は，点記号と線記号，面記号さらに地名という文字の4要素で成り立っている。
　したがって，各記号を読み取り，言語化することで「ちずことば」は豊かになるはずである。こうした道筋を，たとえば「点を示す言葉」と言い換えて捉えてみると，「地図で見ると私たちの学校は区の北のほうにあります」「都の地図で調べると私たちの住む町田市は，神奈川県相模原市と隣り合っています」（玉川大学の位置する町田市を例に考えた場合）という表現になる。一般に，「○○にある」という位置を示す言葉が，空間認識の基本的な伝達内容である。

図表3-4　3〜4年生段階における地図と言葉の組み合わせ（ちずことば）の種類
と伝達方法（玉川大学がある東京都町田市にある小学校を仮定して）

ちずことばの種類	期待される言語表現の例	活用される地名・名称
点を示す言葉 （ある，集まるなど）	・私たちの学校は，町田市の北のほうにある。 ・学校の近く（遠く）には店が集まって（林が散らばって）います。 ・町田市は東京都に含まれています。	・市区町村名 ・山頂，岬，駅名など ・地図記号で示された地点
線を示す言葉 （伸びる，境になっているなど）	・小田急線が北東から南西の方向に，横浜線が北西から南東にまっすぐに走っています。 ・神奈川県との境には道路や川があります。	・山脈や河川名 ・海岸や列島名 ・鉄道や高速道路名
面を示す言葉 （広い，ぜんたいなど）	・黄色で塗られた市街地が東京都のぜんたいの半分以上を占めています。 ・海の近くには埋立地が広がっています。	・平野や台地，湾，湖沼名 ・県や地方名
描画・作図 （かたち，生産量など）	・東京都の形を見ると泳いでいるイカのかたちにも見えます。 ・この市では果樹園が多いです。	・動物や物の形を示す名前 ・土地利用名

このほかにも線記号や面記号を読み取り，言葉化する道筋を表にしてまとめてみた（図表3-4参照）。さらに，点・線・面の3種に加えて地図には文字が印字されている。その大半は，地名である。地名（名称）は，点・線・面のどの記号にも添付されていて「ちずことば」に土地を特定させて表現するという重要な役割を果たしている。

　たとえば，線状の記号の代表例である鉄道路線に「小田急小田原線」という名称が付けられていることからわかるように，「小田原」という地名は記号に意味を付与する働きをもつ。空間認識の伝達方法を教師として工夫するうえでももっと地図に載っている各記号＋地名（名称）といった組み合わせを意識させたい。

　単に，鉄道路線の地図記号を指し，「小田急線が通っています」と表現させるのではなく，教師が一度は「東西に伸びているこの鉄道は，新宿から神奈川県小田原市を結んで通っているから小田急線といいます」と解説し，子どもにも線記号＋地名（がもつ意味）を意識させて発言させる必要がある。

　さらに点・線・面・地名の要素に絡んで描図・作図も忘れてはならない。描図や作図（統計地図）は，図そのものに形や量が表れるため，意味（学習内容）が伝達できる。たとえば，市や県の形をなぞらせると，動物やモノの形がイメージでき，「静岡県の形って金魚みたい」や「山形県って人間の横顔だ！」と

つぶやいたり，米の県別生産量が統計地図で表現されたりすれば「寒いけれど北海道は新潟県に次いで米がたくさんとれるね」とより深い社会的意味を伝達することができる。

3) 空間認識の伝達方法をいかに習得させたらいいか

では，どうやれば子どもの「ちずことば」を豊かなものにすることができるのだろうか。教師にできる指導の工夫は，子どもから「ちずことば」が自然と発せられるように促すことである。子どもが地図を見ている際に「市内に水を送る○○給水所ってどこにあるのかな？」（点），「○○川ってどこからどこへと流れていますか？」（線），「田んぼや畑，住宅や工場の集まりは市のどのあたりに広がっていますか？」（面），「知っている地名を使って説明しましょう」（地名）と，点・線・面・地名を自覚しやすいように発問することである。

さらに，授業作りの観点から言えば，豊かな「ちずことば」を引き出すために，対話や学び合いの機会を意図的に生み出す工夫も欠かせない。成功すれば，教師にとっても授業の実践知として「ちずことば」は身体化され，身体を通して学習内容が示す意味を察知するようになる。しだいに点や線，面，地名も暗黙知として機能するようになる。教室内の「ちずことば」のやり取りを通して，子ども同士や子どもと教師の対話を通して社会認識の深まりが成立するようになるだろう。

一例をあげよう。3年の単元「店ではたらく人と仕事」で，新しくできたショッピングセンターを扱う場合，「どうしてショッピングセンターが，市の中心部から離れた場所につくられたのだろうか？」を学習問題にして話し合いを深めると，車交通の便や広い敷地の確保から点・線・面・地名を意識した発言が引き出されてくる。

Tは教師，Cは子どもの発言例である。「T：広いショッピングセンターの敷地には，昔は何があったのだろうね」（20年前の市街地地図の提示）→「C：ショッピングセンターが建っている場所は○○紡績工場と書いてある！」「C：だから広い敷地が確保できたのか……」（点）→「T：広い場所なら市内には，ほかにもあったんじゃないかな？」「C：だとすると，ほかにも何かよい条件

があったから建ったのかな？」→「C：たぶん，ショッピングセンターに来るお客さんは，車を使って来るから，高速道路や幹線道路が近くを通っている便利な場所を選んだからじゃない？」(線)→「C：市の中心部には，デパートや商店街があるから競争を避けて離れた場所に作ったんじゃないかな？」(購買圏という面)といった応答が飛び出せば，思考力も高まる。

　別の単元を例に考えてみよう。3年単元「わたしたちのまちと市」で市内の文化財を示した地図を提示し，「どうして古い建物が市の中心部にしか残っていないのだろう？」という学習問題をつくり，その理由についていくつか予想を書き出すように指示する。

　その後で，およそ100年前の市の地図を配布し，2枚の地図を比べてわかったことを説明させる授業は，「ちずことば」を培う言語活動として成立しそうである。「そうか！ 100年前は市の中心部にしか建物がなかったんだ」「市に残っている古い建物は市が中心部から外側へと発展してきた証拠なのか」などという気づきにつながるからである。「ちずことば」による地図指導は，指導にあたる教師の思考力のいかんにかかっている。

4)『地図帳』の内容と「ちずことば」
　3年から配布される『地図帳』は，社会科学習がもたらす多面的な社会の見方や考え方(社会的思考)を養ううえで欠かすことのできない教科書である。
　今般の学習指導要領における『地図帳』には，基本となる地図の使い方が詳しく解説されている。「土地の様子」を『地図帳』でどのように示しているか。これと関連づけて点・線・面と地名という4種の「ちずことば」を駆使すれば，深い『地図帳』の読み取りが可能となる。
　『地図帳』に掲載されている「○○地方」や「○○県とそのまわり」の類いの地図には山地が茶色で平野が緑色，市街地が黄色，海や湖が青色という具合に色分けされ，しかも地名やいろいろな地図記号が印刷されている。その際，子どもの目に一番先に飛び込んでくるのは，地図の色であり，目立つ文字であろう。
　とくに山地を示す茶色と平野を示す緑色，市街地の黄色，県名や首都名を示す赤文字(記号)は目立つ。先に地図は点・線・面・地名の4要素に注意し

て教えようと述べたが，子どもが注視する順は，まずは土地利用の色や大きな印字による地名からなので，色がついた面や目立つ活字（地名）や記号から入り，その次に線（川や鉄道，道路）に着目させて，しだいに点（各種の地図記号）や小さい活字の地名に着目させるようにする。教師の働きかけとして，子どもの地図表記に対する理解の仕方に注意しつつ，「ちずことば」という空間認識の伝達方法を獲得させたい。

5) 地域学習の基盤をつくる方位距離図・等高段彩

　3・4年社会科の学習は，地域を学習の基盤とし，地域社会の一員として公民的資質を培う単元が大半を占めている。「市の様子」やスーパーの売り方の工夫，市の昔の道具と暮らしの変化，飲料水の確保やごみ処理，警察・消防の働き，自県の特色ある地域など，地域に見られる事物・事象を学習内容として扱う地域学習が本格化する。

　地域学習には多くの地図が使われ，その背景として必要な知識・技能として方位や縮尺概念，関係位置の見方，地図記号の意味，標高ごとに色分けされた等高段彩，さらに印字された町・市・県など地名相互の包含関係などが内容となっている。

　単元「私たちの○○市」の学習で市街地の地形や土地利用，交通，おもな公共施設などの場所を地図に書き込んでまとめる場面がある。これまでのやり方では児童の認知地図と上手く適合しない指導が多かった。その原因は，いきなり市の白地図を配布し，その中に学んだことを書き込みましょう，と指示するもので，市の中で自分の学校がどこに位置するのか，学校から見てどの方向にどれくらいの距離に市役所があるのかさえも曖昧なままに「市役所の記号は◎です。白地図のどこに記入したらいいですか？」と問いかけていた。これでは，子どもたちは戸惑うばかりである。

　一般に，位置の認識は方向感覚と距離尺度の2つが形成できれば正しく形成される。したがって学校を中心に距離に応じた同心円の方位距離シートに記入させれば整理できる。

　上の図は筆者が考案した方位距離シート（図表3-5）である。この図に学校から見て目立つ建物や社会科学習で必須となる公共施設や鉄道，河川，海岸

図表3-5　方位距離シート

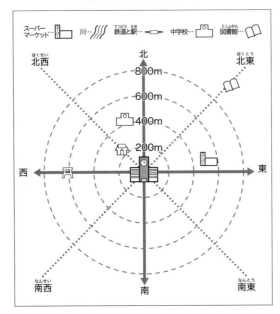

線などを記入させるのである。市役所は北東に約600メートル，中央図書館は西に400メートルなどという情報を与えて手書きで記入していくことで認知地図が確実に形成される。始めは，教室内でも机を北に向けて記入させると認知と合致できて効果があがる。

　また，方位距離シートでの距離の取り方は学区や市街地の大きさによって変えることも可能である。山間部や離島では距離が5000メートル以上あるだろう。この図が完成したら，次に市（地域）の印刷された地図とドッキングする。縮尺が異なるため，単純には重ね合わせることはできないが，市の地図の中で，方位距離シートが示す範囲を円でおおまかに描くだけでいい。そうすることで，学校から見た市域の形や広さのスケール感が身についていく。

（3）広大な市域を概観する内容

　教育出版の教科書で扱われている自治体は横浜市である。国内の自治体の中では大きな面積を占めている市の一つであり，人口も約378万人（2021年8

月）と多い。教科書では，市内をテーマ別にグループに分かれて調べていく設定になっているが，3年生の児童の空間認識の広がりには到底カバーすることができないほど広いエリアを学習の対象とすることになる。市役所からもらった資料などを使って市の白地図にまとめていく学習にとどまっており，学区を直接たんけんして絵地図を作製したそれまでの学びとは大きく異なっている。教科書には学習問題に当たる見出しとして「市の土地の使われ方は，どのようになっているのだろう」とグループで調べた市内各エリアの「土地の様子」を持ち寄り，市全体の土地利用に視点を広げるように設定されている。

　もちろん，まだ一度も行ったことがない市の場所も含めて，市の土地の使われ方を大づかみすることが期待されている。結局，市全体の土地の使われ方を表した地図（住宅の多いところ，店の多いところ，工場の多いところ，田，畑，緑の多いところ，道路，市役所，鉄道，その他の鉄道，地下を走る鉄道の11の凡例で作図されている）を見て学習をまとめることでこの単元を終えるように構成されている。

　しかし，実際には3年児童にとってはかなり無理のある内容になっているのも事実である。「わかったこと」と題して教科書には，「・市の東側の海ぞいは，大きな店や工場，公共しせつなどが集まる市の中心地だ。・住たく地と中心地は，鉄道や道路でつながっている」というように，地域を見つける基本的な2つの見方（等質地域と結節地域）がここで芽生えるように示されている。

3　教材内容の背景的な知識・情報

（1）等質地域と結節地域

　前述した等質地域と結節地域についてここで解説しておきたい。等質地域とは，同じ性質の土地利用が広がっている範囲を指しており，住宅地や工場が広がっている地域というように地図で色別に範囲を確定できる。等質地域は「地域は場所によって違いがある」という3年生の冒頭の単元の見方を一歩進めた概念であり，広大な市域やこれから学ぶ県エリアや国土エリアに至る範囲でも活用できる見方である。地表は何種類かの等質地域で画定できる

わけであり，地域という空間的に一定の規準で画定できる範囲を示す漢字の意味と合わさって等質であることを強調している。

　一方，結節地域という用語は，中心と周縁とのつながりを指し，通勤通学圏や首都圏などといった言葉に代表されるように，都市の中心業務を担っている都心と都心へ物や人の流れが集まったり，都心から周辺に広がったりする範囲を指している。この見方は，3年生に十分に理解してもらうにはややむずかしい見方であるが，後半の単元である県と他地域との交流，4年で登場する消防署同士の協力で進める消火態勢，5年で扱う貿易の内容を理解する場面でも援用できるので「つながり合う」といった言葉で社会科学習全体を通して養っていかなくてはならない重要な概念である。

（2）県民意識と地方の認識

　県民としての自覚を養ううえでも大切な「わたしたちの○○県」の単元であるが，関東地方とか関西，東日本などといった呼称も現実には用いられている。このうち，○○地方は，必ず都道府県が組み込まれているものの，関西や東日本，中日本などといった呼び方は曖昧であり，どこの県がそれに含まれているか否かがわからない場合もある。JRの区分や，NHKの放送局配信の区分なども存在しており，複雑である。これらは，結果として県民の意識を高めることに作用しており，県ごとの食習慣の違いを扱った番組や高校野球大会の応援場面などで自県を強く意識する機会になる。社会には，多くの県や地方を意識するきっかけがあることを児童にも気づかせつつ，日本全図を使って正しい位置や面積感を養うように配慮することが指導のうえでは大切であろう。

（3）情報化社会の進展によって変化する地域像

　自県の学習を通して，人や物の行き来を扱い，自県と国内外とのつながりが強まっている事実をつかませることになるが，近年の情報化社会の進展も児童の理解することになっている。インターネットや携帯電話，外国からのテレビ中継なども日常見聞きしている状況が生まれているが，本単元では情報化社会の進展には深入りしない。もちろん，オリンピッククラスの世界大

会や芸術祭などで外国から県に多くの訪問客が来ている場合も取りあげてよいが，同様の内容が５年の情報の単元でもあるので，あくまで内容として扱うのは浅くてよい。それよりも，県内の人が外国からの訪問客のために地域のよさをいかにして伝えようとしているのか，を重点に扱うようにしたい。

4　教材内容の準備

　教師が社会科指導を進めるにあたって勤務先の自治体に関する教材内容の研究は準備上欠かせない。児童向けの社会科副読本である『わたしたちの○○市』や『伸びゆく私たちの△△県』などの冊子は，教科書代わりに活用するので必読の文献であるが，それだけでは児童が保有する知識と大差ない状況である。教師は，児童が手にする情報以上に詳しい情報を把握して初めて確かな指導が可能となる。社会科指導は確かな情報に裏付けられて行うものであり，その情報を支える資料の参照（教材研究）が不可欠である。

　教材研究にとって，自治体（県や市区町村）に関する知識や情報は，次の３つの媒体がおススメである。

　１つは，ホームページである。近年，かなり豊富な資料も添付されており，時間をかけて関係部署のバナーをクリックして入っていけば，統計資料や画像も閲覧できる。勤務校がある市のホームページを開いてみよう。市長さんの方針や市の特色をわかりやすく一言で示す紹介コピー，市のマーク（市章）の意味，市の花や鳥，市の沿革（歴史），産業別人口統計，有名なお祭りや民俗，姉妹都市との関係記事などが満載である。これらは単元「わたしたちの市の様子」に大いに活用できる。筆者が，かつて策定に関わった愛知県河川課の防災教育サイト「みずから守るプログラム」では児童向けの教育サイトも充実しており，さらに教師向けの指導資料も備わっているから愛知県の教員なら利用しない手はない。愛知県全体の地形や災害の予測地図も掲載されているので単元「わたしたちの県の様子」を学習させるうえでも便利であろう。県民生活課や観光課などの県のサイトにも県を学ぶうえでの面白い資料がたくさん掲載されている。沖縄県にいたっては，５年に１度県内で開催される沖縄県民の移民の方々の祭り「世界のウチナーンチュ大会」があり，世界

中に移民で渡って行った沖縄県民が一堂に会する。この記事は，県と他地域との交流を扱う小単元で格好の題材になる。世界地図の上で県民がどれくらいの国々に渡って行ったのか，2世3世4世の子孫がどの国でどのように活躍してきたのかがわかり，興味深い。

　ホームページ以外の情報源としては，市の広報誌や転居してきた場合に市役所の窓口で渡される小冊子（各種公共施設の案内やごみの出し方，税金や年金，各種届や登録方法，循環バスのルート，葬儀や墓地の準備などがまとめられている『○○市暮らしの便利帳』の類い）がある。イラストや写真も入っており，見やすく編集されているので関連ページはそのまま印刷して児童に配布できる（ただし，漢字にルビを振る必要がある）。

　3つ目におススメしたい資料は，『市史』である。近年，多くの自治体では新編の『市史』『県史』編纂が進んでおり，かなり充実した内容になっている。3・4年の単元で活用するにはやや高度で難解な内容があるものの，たとえば教育委員会で編集した社会科地域副読本の背景的な知識を支えるうえでの重要資料となる。児童が興味をもった市内の地名の由来や市で生まれた特産品の発祥物語，交通網の整備のあゆみ，市や県が生んだ偉人やダム・用水建設によって豊かな土地に変わった記録，県内の伝統工芸品や伝統工芸士の詳細，県と諸外国との交流史などが掲載されている。

　また，『市史』（現代編）には，児童が通っている学校のあゆみや戦後の市の教育史も綴られているので教師自身が職場に関する教材研究を進めるうえでも有効であろう。なお，『市史』は市内の図書館や歴史博物館ライブラリー，勤務校の校長室書棚などに所蔵されている。『県史』は市立および県立図書館や近隣の大学図書館などに保管されている。

　　確認問題

　1　「地域は場所によって違いがあることが分かる」という指導要領のねらいを達成するために，身近な地域や市の社会科学習ではどのような展開順で学習内容を設定しているかを述べよう。
　2　県の学習における小単元の配列（日本の中の県の位置，自県の地理的な概要，

県と国内外のつながり）を見て，学習内容と児童の空間認識について考えられることを述べよう。

より深く学習するための参考文献

・北俊夫・澤井陽介編『新社会科"調べ考え表現する"ワーク＆学び方手引き　3年』明治図書出版，2011年
・寺本潔『思考力が育つ地図＆地球儀の活用』教育出版，2012年
・寺本潔『空間認識力を育てる！ おもしろ「地図」授業スキル60』明治図書出版，2019年

第4章

地域の生産と販売の仕事の工夫

　生産の仕事の工夫では，地域で行われている生産（農業，工業など）の仕事について，子どもたち自身が生産の現場を見学，調査などを通して調べ，その生産に従事している人たちの努力や工夫を理解する。

　また，販売の仕事の工夫では，自分たちのうちで行っている消費生活を足がかりに，子どもたち自身が販売の行われているところを見学，調査などで直接調べ，販売の仕事をしている人たちの工夫や努力を理解する。

　さらにこれらの仕事を通して，自分たちの地域が他地域とつながっていることも理解する。

キーワード

　　　生産の仕事　　販売の仕事　　消費生活　　他地域との交流

1　生産の仕事の工夫

「小学校学習指導要領　社会」の第3学年目標 (1) ～ (3) 内容 (2) ア，イ，

　第3学年目標

　(1) ～ (3) 地域の産業や消費生活の様子……（略）……について理解するとともに，地域社会の一員としての自覚を養う。

　(2) 社会的事象の特色や相互の関連，意味を考える力，社会に見られる

課題を把握して，その解決に向けて社会への関わり方を選択・判断する力，考えたことや選択・判断したことを表現する力を養う。

第3学年内容

(2) 地域に見られる生産や販売の仕事について，学習の問題を追究・解決する活動を通して，次の事項を身に付けることができるよう指導する。

　　（ア）　生産の仕事は，地域の人々の生活と密接な関わりをもって行われていることを理解すること。

　　（イ）　販売の仕事は，消費者の多様な願いを踏まえ売り上げを高めるよう，工夫して行われていることを理解すること。

に基づき，

　　第1小単元　　a 農家の人の仕事（生産の仕事）

　　　　　　　　　b 工場の仕事（生産の仕事）

　　　　　　　　　このなかから学校の実態で1つ選択

　　第2小単元　　店ではたらく人（販売の仕事）

の2小単元を構成する。

　以下，ここでは，第1小単元の「a 農家の人の仕事」を取りあげ，東京書籍『新しい社会　3・4上』をもとに，教材構成について述べていく。なお，現行版の教科書ではないが，扱われている内容の基本は同じであるため，記述の入れ替えは行わない。

（1）各種の資料の教育的活用

　本単元の学習は，教科書の資料や記述を参考に，自分たちの地域のある農家や工場を実際に直接，見学，調査をすることを中心に展開していく。

　この教科書の指導内容（仙台平野のまがりねぎ作り農家の仕事）を子どもたちが学習するのではないことを指導者は理解しておかなければならない。

　子どもたちは，教科書のほかにほとんどの地域において作成された副読本

を手にしている。実際の教室での学習の場面では，教科書よりもこの副読本を中心に学習が展開されていると考えておいたほうがよい。

　実際の授業を展開していくためには，教科書や副読本に掲載されている資料を参考に，実際に自分たちが見学，調査する農家や工場の実態に合わせて，その仕事についての資料を学校で自作していく必要がある。

　教科書に掲載された農家の仕事についての10点の資料を解説した後，それぞれの学校での教材・資料を作成するときのポイントを➡で示す。

図表4-1　生産の仕事　おもな掲載資料一覧

	まがりねぎの畑	ささかまぼこ工場
資料 1	スーパーの売り場	スーパーの売り場
2	生産の分布図	工場の写真と位置(地図)
3	生産量(棒グラフ)	原料の入手先(地図)
4	大友さんの話	
5	見学の視点づくり	見学カード
6	見学の仕方(フローチャート)	工場の仕事(フローチャート)
7	関内さんの話(インタビュー)	菊池さんの話
8	農事ごよみ	働く人の工夫(写真と解説)
9	収穫のよろこび	感想文(子ども)
10	まがりねぎの送り先	かまぼこの送り先・働く人の居住地

　1) 取りあげ教材に出合わせる教材，資料

【資料1 (写真)】

　教科書には地域のスーパーで売られているまがりねぎ(地元の農業生産物)の写真が掲載されている。これはこれから教材として取りあげようとしている農産物(まがりねぎ)である。まがりねぎと自分たちの関わりをとらえようとするための重要な資料である。まがりねぎが地元のスーパーで売られているということが，まがりねぎと自分たちが，関わりのあることを示す重要な事実であるからである。

　➡　これから教材として取りあげようとする農産物と自分たちの関わりをとらえることのできる事実を示す写真

【資料２（分布図）】

　その農産物の市内での生産分布を示す地図がある。（わたしたちの市でつくられるおもな野菜）まがりねぎが市内のどこでつくられているか，どの程度の広がりがあるかを示している。

　➡　教材として取りあげる農産物の市（町，村）内の分布図

【資料３（棒グラフ）】

　まなび方コーナーでは，棒グラフの読み取り方の指導をかねて，市の野菜の取れ高を棒グラフで示している。

　➡　市内の野菜の取れ高を示す棒グラフ（図，表）

　資料１，２，３を提示することによって，これから教材として取りあげようとしている農産物の生産物としての市内での位置づけを示すことができる。

　そして，これらの資料を活用してどのように学習を進めていくか示しているのが「まなび方のポイント」である。これは，前述の資料１，２，３と対応している。どの教材を扱うときにも一般化できるものである。

【まなび方のポイント】

　　身近な地域でつくられているものをさがしてみよう

　　その作物がつくられている場所を，地図で確認しよう

　　地図を見て気づいたことを話し合おう

　これから何（まがりねぎ）について学習していくのか子どもたちに理解されたところで，見学に向けての意欲を高め，小単元を貫く学習問題を設定する学習に移っていくことになる。

　2）見学前の指導（まず，見学ありきではない）

　見学前の指導がこの小単元ではとくに大切である。そのポイントは教師の側から「まがりねぎをつくっている農家の○○さんの畑に見学に行きます。どんなことを知りたいですか」と教師が授業の冒頭で述べるなど，まず，見学ありきを教師から提示しないことである。

　学習の展開（問題追究）のうえで，どうしても見学に行く必要性を子どもたち自身に感じさせてから見学に臨みたいからである。

　そのような展開をするためには，どうしても資料が必要になる。

前時の学習で「まがりねぎは，まがっていると何かいいことあるのかな」という問いから，けんさんたちは，まがりねぎのひみつをしらべることにした。

　このことを追究していくために，ＪＡの方に，事前に取材をして，ＶＴＲを作成して資料として提示するか，ゲストティーチャーとして教室で直接話をしてもらうことになる。

　どのような話をしてもらうのか，授業の展開を考慮に入れて事前に十分に打ち合わせをしておくことが必要になる。

　「まがりねぎは，どのようにつくられているのですか」「ねぎがまがっているのは，どうしてですか」という質問に対して，次のような話をしてもらう。

【資料４】農業協同組合（ＪＡ）の大友さんの話

　仙台のまがりねぎは，今から100年以上も前に岩切という地域で初めてつくられました。育てているとちゅうで，ねぎを横にねかせるのが，まがりねぎの大きな特徴です。まがりねぎは，まがった白い部分があまくてやわらかいと評判です。岩切地区では，近くに七北田川が流れていて，とても土がよく，昔から畑作が盛んな地域です。今でも昔からつづく作り方で，たくさんの農家がまがりねぎを育てています。

　➡　取りあげる農産物がどのようにつくられているのか
　　生産物の特色，いつから，作り方の特色，工夫などを解説する話
　➡　作物の育つ過程を示す写真を併用する

「たねをとります」→「まいたたねがめをだしました」→「緑の部分が上にのびだいぶ大きくなりました」→「とれたてのまがりねぎです」

　この話を聞いて「ねぎを横にねかせるのはどうしてだろう」「ねぎがまがっていることと，何か関係があるのではないかな」「おいしくするためのくふうがいろいろありそうだよ」というように，けんさんたちは，まがりねぎ作りのことがもっと知りたくなった。

　このように，まがりねぎ作りについて知りたいという学習意欲を高め，その解決には，農家の見学が必要だと子どもたち自ら思う状況をつくり出すことが必要である。

　学習問題を「農家では，どのようにねぎをつくっているのでしょうか」と設定し，まがりねぎをつくる農家への見学に取り組むことになる。

　見学に行く前に学習問題を設定し，問題の解決の過程に見学を位置づけるようにしたい。

【まなび方のポイント】

　　農産物（まがりねぎ）についてくわしい人に聞いてみよう

　　農産物（まがりねぎ）つくりの大まかな流れをしらべよう

　　○○農家（まがりねぎ農家）を見学する計画を立てよう

　見学に行くことが決定したら，見学の視点をつくることになる。それは，たとえば，以下のようなものである。

【資料5】視点作り（見学メモ）

　・見てくること（畑の広さやようす，働く人のようす，使っている道具）

　・聞いてくること（ねぎを横にねかせるわけ，おいしいねぎをつくるためのくふう）

　・まとめ方　農産物（まがりねぎ）のポスターをつくって発表会をする

　➡　見学の進展を示す

　3）実際の見学（見学場面の再現，イメージ化）

　実際の見学は多様な形が考えられ，教科書が示すまがりねぎ農家の見学も，その一例にすぎない。しかし，この例を見学のイメージ化やシミュレーションとして活用するとよい。

　次に示す資料6は，どのような見学（農家，工場，商店など）をするときにも活用できるものである。

【資料6】まなび方コーナー　見学の仕方

　　┌─────────┐
　　│かんさつする│　　（1）よくかんさつする
　　└─────────┘
　　　　　　　　　　・畑のようすや農家の人がどのような作業をしているのか，かんさつしよう。
　　　　　　　　　　・かんさつしてふしぎに思ったことは，なぜ，そうなっているのか考えてみよう。

しつもんする	(2) 農家の人に質問する

・かんさつしてふしぎに思ったことは，何をどのよう
に聞くか考えて，農家の人にしつもんしてみよう。

ふれる	(3) じっさいにふれてたしかめる

・農家の人に，作物や土などにふれてよいか聞いてみ
よう。

・ふれてよければ，じっさいにふれてたしかめてみよ
う。

きろくする	(4) 写真やメモに残す

・わかったことやふしぎに思ったことは，メモをとっ
たり写真にとったりしておこう。

(5) 見学が終わったらお礼を言う

・見学の最後に，農家の人にお礼を言おう。

・帰ったら，お礼の手紙を書こう。

➡　見学の流れに沿って，何をどのように見学していくのか，その流れを
示すフローチャート（写真入り）

そして，見学を行い，気づいたこと，疑問におもったことを質問する。

ここでは，まがりねぎ作りの工夫に気づいているのでそのことを質問して
いる。「まがりねぎ作りにはどんな工夫があるのでしょうか」

【資料7】聞き取り（インタビュー）

土をもりあげるわけ	写真	うね作り	日光，根がよく張る　土の中の栄養を吸収できる
むしがつかないわけ	写真	農薬を使う	回数（年3回）
きかいをつかうわけ	写真	機械	少ない時間で効率よく
ねぎをねかせるわけ	写真	「やとい」	抜いたねぎを畑にねかせ，根元に土をかける。ねぎは日光を求めて上に伸びようとするので曲がってくる。土をかけた部分は曲がらず，白いままになる。曲がった白い部分は，甘みがあってやわらかい。

➡　どのような見学を行うときにでも，働く人の努力や工夫を直接聞き出
す大切な場面である

4) 作業内容の確認

【資料8】農事ごよみ

図表4-2　まがりねぎ作りの農事ごよみ

出所）『新しい社会　3・4上』東京書籍，p.70-71をもとに作成

農業の学習では，いつ，どのような作業を行うか，自然との関わりで作業
の手順をとらえていくために，農事ごよみは資料として欠かせない。

作業の工夫において，秋ねぎと冬ねぎで作り方の違いをまがりねぎ作りの
特色ある工夫として押さえておきたい。

➡　農事ごよみから読み取れるその農産物作りの特色ある工夫を取りあげる

5) 収穫の喜び(働く人の生き甲斐)・取り入れの工夫

【資料9】収穫のよろこび(写真)

取り入れの写真

➡　農家の人と子どもたちがねぎを収穫した喜びを表す写真

生産者としての喜び，生き甲斐を知らせる。社会参画して生きる大人の姿を子どもに見せていくことが必要である。

　そして，生産した農産物を取り入れるときは，手作業，家族の協力といった工夫が必要になる。取り入れたものがどこに送られるかを通して他地域（市内，県内，国内，ときには外国）とのつながりを扱っていく。

【資料10】まがりねぎの送り先

図表4-3　まがりねぎの送り先

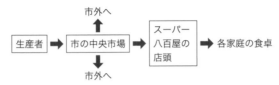

出所）『新しい社会　3・4上』東京書籍，p.73をもとに作成

➡　農産物の送り先（出荷先）を表す地図

生産地と各地のつながりを示すために必要である。

（2）指導内容の重点

　前述の資料7（p.50）で示した，生産者から生産現場のさまざまな事実に直接触れながら聞き取る場面である。子どもたちが社会の事実から直接学ぶ場面を社会科学習ではもっとも大切にしたい。

　ここでは，①土をもりあげる（うねをつくる）わけ，②虫がつかないわけ，③機械を使うわけ，④ねぎをねかせるわけの4点を取りあげている。

　①②③は，どの農産物をつくるのにも共通する工夫，④は，その農産物（ここではまがりねぎ）特有のものである。共通するものを押さえつつ，その農産物特有の工夫を扱っていくことになる。とくに，この特有の工夫を丁寧に取りあげていきたい。そこに，その地域の特色（よさ，強み）を生かした生産の姿を読み取ることが多いからである。

（3）教材内容の背景的な知識，情報

1）農業の特色

　土地や気候など，自然の条件を生かし，耕地などにおいて植物（農作物）を

栽培・収穫したり（農耕），動物（家畜）を飼育し乳製品や皮革，肉，卵を得て（畜産），人が生きていくうえで必要な食料，繊維，副産物などを生産する人間の根幹産業である。

　人類の文明発達の鍵であり，動物の家畜化による畜産と植物（農産物）を生産者が消費する以上に生産することで人口の増大と社会の階層化を促した。

　自然条件が大きく関わっており，その条件を生かしたり，克服することが工夫の重要な点であることを指導者は押さえておきたい。

2) 仙台名産のまがりねぎ

　仙台といえば，知ってのとおり宮城県の県庁所在地。つまり都会。だから野菜の生産が盛んというと不思議かもしれない。ところが，仙台市の野菜産出額は約30億円（令和2年度では24億円）。この額は亘理郡（わたりぐん）に続いて，県内第2位の数字である（宮城県HP参照）。

　仙台の名産はいろいろあるが，なかでも有名なのが「まがりねぎ」。ねぎといえば一般的には「一本ねぎ」と呼ばれるまっすぐに伸びたものを想像するだろうが，まがりねぎはその名のとおり根元の部分から大きく曲がっている。

　「何で？」と思わず首をかしげてしまう。太いねぎ，細いねぎというのは見たことがあるけれども，曲がったねぎというのは珍しい。この曲がった姿には，先人の知恵がぎゅっと凝縮されているという。

3) まがりねぎは「曲げて」作る

　ねぎを知らない人はいないだろう。根元が白く，先端にいくと緑の葉が広がる。当然ねぎは白い部分がおいしい。実は，ねぎの白い部分は土の中にしかできない。だから，地中深く根を張らせることができれば，ねぎのいちばんおいしい部分が多くなる。

　しかし，この一帯は地下水位が高いために，それほど地中深くまでねぎができない。つまり白い部分が少なくなってしまうという。だから昔の人は成長したねぎを一度抜いて，ねかせた。ある程度育ったねぎを抜いて，土にねかせて熟成させる。そうしておいしい部分をより多く作り出したのが，まがりねぎの始まりだという。

仙台平野の佐藤俊郎さんも同じ方法で栽培をしている。ハウスで育苗をし，約20センチメートルに育ったら畑に植えていく。それがまっすぐ伸びて育ったら，一度抜いて，ハウスにねかせて土をかぶせる，「やとい」という作業を行う。すると，ねぎは太陽に向かって伸びようと成長し，まがりねぎはできあがるのだ。

　いくつもの工程を手作業で行わなければならないために，手間はふつうのねぎよりもかかる。それでも佐藤さんはまがりねぎにこだわる（http://nakata.net/rnp/area/12237/参照）。

　教材として取りあげる農産物の生産の特色を取材によって押さえておくことが，教材化のために必要なことである。

(4) 教材内容の準備しごと

　1）学区域，市町村内から見学可能な教材化できる農産物を探し出す

　学習指導要領の目標と内容を理解し，子ども目線に立って，子どもが興味をもって追究できる農産物を，子どもに身近な地域の中から探し出すことが必要である。地域の方から情報を得ることも大切である。学区域や市町村内を指導者自身が歩いて教材を探し出す努力をすることをすすめたい。

　2）生産者に現地取材をする

　農家の方に直接話を聞き，生産，出荷の工夫や努力について情報を集める。

　その際に，前述した教科書のような資料を作ることを目指して話を聞くようにするとよい。事前に教科書を生産者に渡して読んでおいてもらうと，何を話したらよいか考えることができ効果的である。資料1から資料10を作成したいという，指導者側のねらいを生産者に理解してもらったうえで取材に臨むようにするとよい。

　必要な写真や映像作成のための撮影許可もここで得ておくとよい。

(5) 工場の仕事

　工場の仕事では，教科書ではささかまぼこを取りあげて，工場見学を実施している。ここでも，基本的にはささかまぼこ工場の資料1から資料10に実

際に見学する工場を当てはめて，資料作成を試みるとよい。

　工場では農業とは異なり，原料を加工して製品を作るので原料の入手先，働く人の居住地を示すことにより，他地域とのつながりを示すことができる。

2　販売の仕事の工夫

（1）各種の資料の教育的活用

　本単元の学習は，教科書の資料や記述を参考に，自分たちの地域のある商店を実際に直接，見学，調査をすることを中心に展開していく。前節同様，この教科書の指導内容（仙台市のスーパーマーケットの仕事）を子どもたちが学習するのではないことを指導者は理解しておかなければならない。

　子どもたちは，教科書のほかにほとんどの地域において作成された副読本を手にしている。実際の教室での学習の場面では，教科書よりもこの副読本を中心に学習が展開されていると考えておいたほうがよい。

　実際の授業を展開していくためには，教科書や副読本に掲載されている資料を参考に，実際に自分たちが見学，調査する商店の実態に合わせて，その仕事についての資料を学校で自作していく必要がある。

　教科書に掲載されているスーパーマーケットの仕事についての10点の資料を解説した後，それぞれの学校での教材・資料を作成するときのポイントを➡で示す。

　1）取りあげる教材に出合わせる教材，資料

　身近なお店の存在を知らせ，自分の買い物経験をもとにお店と自分たちの生活との関わりに気づかせる。

【資料1】各種のお店の写真

　　➡　身近な地域にある子どもたちの家族が買い物をする代表的なお店（スーパーマーケット，商店街，八百屋）の写真を用意する

　この写真を見ながら，自分たちの経験をもとに「休みの日に，家の人と大きなスーパーに車で買い物に行く」「近くの八百屋に行ったことがある。おじさんがおまけしてくれた」「日曜日に駅の近くの商店街に行った。たくさんの

お店がならんでいた」など話し合う。そして，お店の分布図に，よく行く場所にドットでしるしを付ける。

【資料2】各種のお店と利用経験の多い店

➡ お店のある位置を示す地図と子どもたちの利用経験のある店にドットを打つ

この分布図を見ながら「いろいろな店がある」「遠いお店もある」「何かその店に行くわけがあるのかな」と話し合い，店についてもっと詳しく調べるために，家の人によく行く店とその訳を聞いてくることにした。

ここでも，指導者の方から「買い物調べをします」と提案し，それに子どもが従うという流れにならないようにする。子どもがはっきりと明確に目的意識をもって買い物調べに臨むことができるようにしたい。この話し合いの結果を以下のような質問カードにまとめた。

【資料3】質問カード

➡ よく行く店とその店に行くわけをたずねる質問カードを作成する

質問の仕方，質問カードを作る方法について，まなび方コーナーの以下の記述を参照するとよい。

図表4-4 【質問カード】

わたしたちは，○○小学校の3年2組一同です。社会科で家の人の買い物についてしらべることにしました。次のしつもんに答えてください。

①よく買い物に行くのはどこのお店ですか。

　1

　2

②なぜその店に行きますか。そのお店に行くわけを教えてください。

　1

　2

　　　　　　　　　　　ご協力ありがとうございました。

　　　　　　　　　　　　　　○○小学校3年2組一同

出所)『新しい社会　3・4上』東京書籍，p.42をもとに作成

・はじめに自己紹介をする（家の人に聞くときは必要ない）

・質問の目的を書く

・何をどのように調べたいのかをはっきりさせて，質問を書く

・質問を作るときにはまとめ方を考えておく

・最後にお礼の言葉を書く

【資料4】家の人がよく買い物する店（ドットで示す棒グラフ）

➡　結果をドットで示す棒グラフに表す

そして，その結果を分析する。

スーパーマーケットがよく使われていることがわかる。そして，それぞれの店を利用するわけは，

大きなスーパー	・駐車場が広いので車で行ける
	・いろいろな品物を一度に買える
仙台駅近くの商店街	・家の人が仕事の帰りに買い物ができる
	・お店の種類がたくさんある
近くのお店	・近いのですぐ買いにいける
	・八百屋のおじさんがとても親切
	・新鮮な野菜がすぐ買える

そこで，この買い物調べの結果を踏まえ，「かなり離れたところにあるスーパーに，なぜ多くの人が行くのかを調べてみよう」と学習が展開することになる。

　2) 見学前の指導（まず，見学ありきではない）

大きなスーパーマーケットの外観写真を見ながら，どうして利用者が多いのか話し合う。「買い物調べの答えのほかにも何かひみつがありそうだ」という疑問を解決するためには，見学に行って調べることが必要になる。そこで，見学の仕方について計画を立てる。

【資料5】スーパーマーケットの見学メモ

　確かめたいこと

お店の人に	・どのような品物を売っているか
	・働いている人の数，仕事の種類と内容

図表4-5　家の人がよく買い物する店

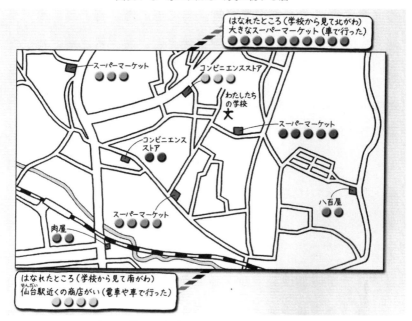

出所）『新しい社会　3・4上』東京書籍，p.41

図表4-6　家の人がよく買い物する店

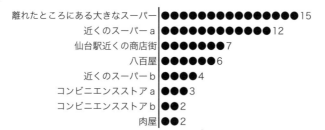

離れたところにある大きなスーパー15，近くのスーパーa 12，仙台駅近くの商店街7，八百屋6，近くのスーパーb 4，コンビニエンスストアa 3，コンビニエンスストアb 2，肉屋2

出所）『新しい社会　3・4上』東京書籍，p.43をもとに作成

お客さんに　　・どこから来たか

　　　　　　　・スーパーで買い物をするわけ

　　　　　　　・どのようなことに注意して買い物をしているか

　調べ方　　　・見てわかったことや気がついたことをノートに書く

　　　　　　　・働いている人にインタビューする

　　　　　　　・お客さんにインタビューする

　気をつけること　・お店の人の仕事や，買い物をしている人のじゃまにならないようにする

　　　　　　　・品物に手を触れないようにする

　　　　　　　・インタビューやメモに必要なものを忘れずにもっていく

　　　　　　　・話を聞くときにはあいさつをして，終わったらお礼を言う

➡　見学メモ（見学の計画）を立てる

3) 実際の見学（見学場面の再現，イメージ化）

　実際の見学は，それぞれの見学場所の実態に応じて行われる。教科書や副読本に示されている見学のようすは，実際の見学のようすを指導者がイメージ化したり，実際の見学場所の取材の参考にしたりして活用できる。

　実際の見学では，見学してわかったこととわからないことを整理する。

　わかったことを発見メモにまとめる。

　　　・上のほうに大きな看板がある。その場所で売っているものを表示している。

　　　・たくさんの野菜がきれいに並んでいる。産地も表示してある。くだものをいろいろな大きさに切って売っている。

　　　・おそうざいをたくさん売っている。いろいろな種類がある。食べたいものを選んで買える。

　　　・レジにたくさんの人が並んでいる。レジのとなりのサービスカウンターでは，お客さんがお店の人に何かを聞いている。

わからないことを整理する。

- ・品物の並べ方には何かひみつがあるのか
- ・どうしていろいろな大きさのくだものがあるのか
- ・おそうざいはどこでつくっているのか
- ・サービスカウンターって何だろう

　実際に売り場で働く伊藤さんにインタビューする。そして，スーパーマーケットの仕事の工夫や努力の核心に迫っていく。

【資料6】伊藤さんの話（働く人にインタビュー）

　売り場を見回り，足りなくなったものを機械で注文する。売り場の外から品物をもってきて並べる。よく売れるものやちらしで紹介したものは，柱やたなの角などお客さんの見やすい場所におくようにする。野菜やくだものは，きれいに彩りを考えてならべる。いろいろな食べ方をカードに書いて立てたりして工夫している。

　➡　売り場にいる店員の仕事の内容とその工夫について語っている。事前
　　　に話してほしい内容について打ち合わせをしておくとよい

　インタビューしてわかったことをノートにまとめることも大切である。

　売り場の外でもたくさんの人が働いている。店にはおよそ150人の人が働いている。それぞれ違う仕事をしながら，お客さんに来てもらうための仕事をしている。

　○売り場以外のおもな仕事

- ・くだものを切る仕事（必要量買えるようにいろいろな大きさに切る）
- ・天ぷらを作る人（温かくて美味しいものを売り場に出せるように1日何回かに分けて作る）
- ・ラップをかける仕事（衛生に気をつける）
- ・サービスカウンター（品物をきれいに包んだり，お客さんの案内をする）
- ・コンピューターで品物の売れ具合を調べ，注文する数を決める
- ・お客さんが荷物を楽に運べるよう買い物かごやカートの置き場が駐車場にある

【資料7】売り場全景と各種の仕事

　➡　スーパーマーケットの全風景を上から見たところを描いた図を見せる

図表4-7　品物の入手先（地図と地球儀）

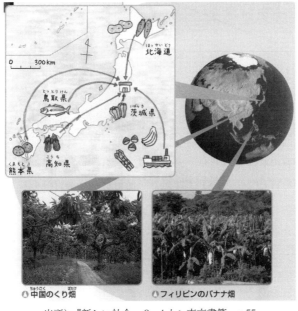

中国のくり畑　　フィリピンのバナナ畑

出所）『新しい社会　3・4上』東京書籍，p.55

　見学に行って実際に目にしたことを，教科書の売り場全体の見取り図のイラストを見ながら反芻してみる。どんなところに何が売られ，どう並べられていたか，そこにどんな工夫がされているか考えさせたり，売り場以外では，いろいろな仕事に携わっている人がいたことを思い返させたりしてみたい。

【資料8】品物の入手先（地図と地球儀）

　国内各県，海外の国々から商品はやって来ることを確認する。

【資料9】お店にたくさんのお客さんが来るのはなぜか（お客さんにインタビュー）

　「どこから来たのですか」「どうやって来たのですか」

　「この店のお気に入りの理由を教えてください」

　　・車で20分ぐらいの所から。駐車場が広くて無料。ゆっくり買い物ができる。

　　・新聞に入っていたちらしを見て，自転車で来ました。この店の品物は，産地がはっきりしていて安心して買える。

・地元で作られたものだけを売るコーナーがある。袋に作った人の写真がはってあり，安心して買える。

・同じ敷地にいろいろなお店があるのがいい。薬や日用品を専門に売っているお店もあるので，買い物が1回で済む。

➡ お客さんにインタビューして，消費者側からこの店の工夫を聞き出す

【資料10】町の一員として社会貢献

リサイクルコーナーと車いすの貸し出し（写真）

➡ 環境問題や福祉問題に取り組む事例を示す写真を用意

以下の店長の話から，リサイクルコーナーを設置して環境問題に，車いすの貸し出しを行って福祉にと，社会の一員として社会貢献をしている姿を読み取りたい。

【資料11】店長の鵜川さんの話

わたしたちの店は，リサイクルのほかにも，ほかの地域の皆さんが利用しやすいように，いろいろなことに取り組んでいます。たとえば，地域のフリーマーケットを開くための場所を提供したり，障害のある人たちが育てた花を売るコーナーを作ったりしています。地域の皆さんが安心して利用できる店づくりを考えていきたいですね。

➡ 社会貢献に取り組む姿勢を示す内容の話をしてもらう

（2）指導内容の重点

【資料7】

売り場全景と各種の仕事を活用しながら，実際の見学を通して，スーパー各売り場に見られるおもな仕事を見つけ出し，その中に見られるスーパーの売るための工夫やお客の願いに応えるための工夫や努力について理解していく。その際，資料6，9もあわせて活用すると効果的である。

さらに，スーパーが地域で活動するとして環境，福祉などの課題をはじめさまざまなことに積極的に関わり，社会貢献に前向きに取り組む姿勢にも目を向けさせたい。

（3）教材内容の背景的な知識，情報

〇対面販売とセルフサービス

販売の2つの方法があることを指導者は頭に入れておきたい。

対面販売とは，お客と陳列ケースをはさんで売り場の販売員が向かい合って立ち，お客から求められた商品の説明をし，販売すること。接客販売の基礎である。高額商品や詳細な説明を要する商品などにもちいられる販売方法である。この方法は，百貨店や専門店特有の販売方法だと思われがちだが，ホームセンターやディスカウント・ストアなどでも，腕時計や電卓，アクセサリーなどを，カウンターを設けて対面販売の形をとり販売の実績を達成している。

実は，町の商店街の八百屋さん，魚屋さん，肉屋さんもこの方法で行っているところが多い。

これに対してセルフサービス方式をとっているのがスーパーマーケットである。客が自分で，品物を選び，レジへ持っていき会計する。この間，店の人と一言も会話することなく，買い物をすることができる。

しかし，お客からたずねられたことには納得する説明をしなければならい。このような場合には，側面販売方式でお客の手助けを行う。

（4）教材内容の準備しごと

1) 学区域，市町村内から見学可能な教材化できる商店を探し出す

学習指導要領の目標と内容を理解し，子ども目線に立って，子どもが興味をもって追究できる商店を，子どもに身近な地域の中から探し出すことが必要である。地域の方から情報を得ることも大切である。学区域や市町村内を指導者自身が歩いて教材を探し出す努力をすることをすすめたい。

2) 店の人に現地取材をする

店の方に直接話を聞き，消費者のニーズに応える販売の工夫や努力について情報を集める。その際に，前述した教科書のような資料を作ることを目指して話を聞くようにするとよい。事前に教科書を店の人に渡して読んでおいてもらうと，何を話したらよいか考えることができ効果的である。資料1か

ら資料10を作成したいという，指導者側のねらいを店の人に理解してもらったうえでの取材に臨むようにするとよい。

| 確認問題 |

1　農家の見学に取り組むためには，指導者は事前にどのような準備が必要かをまとめよう。
2　自分の地域と他地域とのつながりを学ぶためにはどのような教材をつくったらよいかをまとめよう。
3　あなたの地域にあるスーパーマーケットに足を運び，店の販売のための努力や工夫している事例について紹介しよう。
4　このスーパーマーケットではどのような社会貢献をしているか，その事例を解説しよう。

第 **5** 章

健康と安全な暮らしを守る公共の仕事

　ここでの学習は，児童にとって身近な地域（市，区，町，村）の人々の健康と安全な暮らしをまもる対策や事業，関係機関の計画的な働きについて学習する。具体的には地域の人々の生活にとって必要な飲料水，電気，ガスの確保や廃棄物の処理，災害および事故の防止について，関係機関の働きやそこに従事している人々のようすについて，見学，調査したり資料を活用して調べる活動を行い，そうした活動を通して，そこに従事している人々や地域の人々の工夫や努力，計画的な働きによって私たちの健康で安全な生活や良好な生活環境が維持されていることについて学習する。

キーワード
　　飲料水や電気・ガスの確保と廃棄物の処理
　　災害および事故の防止の取り組み　関係機関の働き
　　従事する人々の工夫や努力　見学・調査・資料の活用

1　健康な暮らしと良好な生活環境の維持と向上

　この章で学習する内容は，主として児童が日々生活する身近な地域が対象である。したがって，教科書で取り扱っている事例も，身近な地域で展開されている飲料水，電気，ガスの確保やごみなどの廃棄物の処理について，具体的事例を取りあげている。飲料水，電気，ガスの中から，児童が実際に手で触れることが可能で量感や質感をつかませやすく，比較的安全な飲料水を

取りあげている。廃棄物の処理でも，量感や質感を得やすく，家庭から出されるごみについて取りあげている。それぞれ，児童が実際に調査したり，施設や設備を見学したり，聞き取り調査をしたり，教科書・資料を併用しながら，健康な暮らしを支えている公共の仕事の実際や関係機関の働きについて考える視点で学習する方法がとられている。

(1) 教科書教材（資料）の概説

　実際の教科書（平成27年度版）では飲料水と家庭ごみがメイン教材となっているので，教科書に掲載されているおもな資料について，「見学や調査活動の留意点」と「見学や調査から何を考えさせるのか」について以下に概説する。

図表5-1　「健康な暮らしとまちづくり」

単元名	資料名や具体的活動	見学や調査活動の留意点	見学や調査から考えさせる視点
水はどこから	水の使用量調べ	ここでは，学校の水道を使って，毎日の生活のなかでどのくらいの水が使われているのかを調べる活動が示されている。使用量の単位としてペットボトルや牛乳パックを使用して，児童の日常生活の視点から課題意識をもたせる。	ここでは，日頃何気なく使っている水の使用量を具体的な量感として捉えさせることと捉えさせ方の2つを学ばせることが大切。具体的には手を洗うなどの具体例をもとに実際に使う水の量を計測させる。
	家庭での1日の水の使用量のグラフ	家庭での洗濯やお風呂など子どもが実際に調査できる事例をもとに，牛乳パック何個分などと数量化させ，今後の調査活動への意欲化を図る。	水洗トイレの水の使用量などは製品のパンフレットなどから1回分の使用量を調べさせ，家庭での1日の水道使用量を計測させ，その量感をつかませる。
	市や町全体の水の使用量調査のグラフ	市役所などのホームページやパンフレットをもとに1日の使用量をグラフ化させる。グラフの題名，縦軸と横軸，メモリや単位について具体的に指導する。	市の人口の推移などと関連させ，きれいで安全な水がいつでも使えることに目を向けさせ，市や町の人々が協力している取り組みに気づかせる。
	県内の地図などでの水の旅調べの地図	浄水場の方の説明や副読本などから，浄水場の水がどのような経路でどこから来るのかを調べる。	白地図などを使って，川や水路に着色させ，市や県を超えた関係機関の協力で水の旅がつながっていることに気づかせたい。

	水源林のようす 〇水を大切にする活動例 〇私の節水方法の例	海の水が水蒸気となって空中へ。そして、雨となって森を潤し、生命を育み、地下水となって地中に貯えられ、浄化されて川となって流れていることを資料から読み取らせる。そのことを通して「森は水のふるさと」という循環システムや限られた資源であることに気づかせたい。	雨と水と森と川が一体となって、豊かな自然が形成され、安全な水が供給されていることに気づかせ、日々の生活での水の使い方の見直しができるようにさせたい。たとえばお風呂の残り湯を洗濯や洗車に使う。手を洗うときは流しっぱなしにしないなど、自分の暮らしを見つめ直させる視点から考えさせる。
ごみのしょりと利用	家庭で出るごみの種類調べの写真	各家庭で出されるごみについて、各地域で決められた方法で仕分けされていることが、再利用に役だっていることに気づかせたい。	ごみにはさまざまな種類があること。そのごみを各家庭が分別処理に協力していることが、再利用に役立っているという観点から考えさせたい。
	市全体のごみの量の変化と人口のグラフ	人口の変化にしたがってごみの量も増えているが、その割合は必ずしも比例していないことに気づかせ、課題意識をもたせる。	人口の増加とごみの量の増加が比例していないことに何らかの理由があるのかについて課題意識をもたせたい。
	ごみ収集車の作業員への聞き取りを行う	地域のごみ集積場に収集に来る作業員さんへのインタビューを通して課題の解決への意欲化を図る。たとえばごみの運ばれていく先を聞き取り、ごみのゆくえについて課題意識をもたせる。	市役所のパンフレットやさまざまなリサイクルマークに着目させ、「ごみは資源」という考え方に気づかせる。ごみ処理工場（清掃工場）の学習への意欲化を図る。
	リサイクルの流れの図	かん、ビン、ペットボトル、紙などの種類ごとに、リサイクルのシステムを確認させる。	生まれ変わるごみの具体例（リサイクルブロック、ごみの焼却熱を利用した温水プールなど）を示し、ごみの再利用の技術や関係機関の工夫や努力の姿をつかませる。
	市役所のごみだしの啓発パンフレット。スーパーのエコバッグ	家族や自分ができるごみだしのマナーに気づかせ、一人ひとりの小さな工夫や協力がごみの資源化に不可欠なことに気づかせる。	自分ができることは何かについて考えさせる。併せて、今までの自分の生活について見直しへの意欲化を図る。
	ごみ減量に取り組む先進事例の写真	循環型社会という言葉について教師が補説し、環境保護の重要性に気づかせる。	行政と市民と企業が一体となって環境にやさしい社会づくりが進められていることに気づかせる。
	水の利用やごみのしょりについてのポスター作り	今まで学んだ事柄を自分の言葉でまとめて、自分ができることを自分の言葉で発表し合うような活動事例として読み取らせる。	さまざまな人々の協力や関係機関の連携、そこに従事する人々の工夫や努力によって私たちの健康で豊かな生活が営まれていることに気づかせ、日々の生活で水を大切にする具体的な実践化、意欲化につなげる。

(2) 見学，調査の実際

　この節の学習は「地域における社会的事象を観察，調査するとともに，地図や各種の具体的資料を効果的に活用して，地域社会の社会的事象の特色や相互の関連などに」について学習することが求められている。

　具体的には，飲料水，電気，ガスの確保や廃棄物の処理について，見学，調査したり資料を活用したりして調べることである。

　ここでは飲料水の確保の学習から浄水場の見学の具体例を，廃棄物の処理の観点から，市のクリーンセンター見学の活動例を述べる。

　1）浄水場の見学，調査の実際

　①見学のねらい

　多くの教科書では，浄水場の仕組みを絵図にした資料が大きく掲載され，川の水が浄水場のさまざまな処理システムを経由して，きれいな水になって，各家庭や学校などに送られるようすが描かれている。

　ここではそれらの絵図に示されている仕組みやそこで働く人々の努力，市や町を超えた広がりをもった関係機関の協力によって，安全できれいな水をいつでも，必要な量だけ使うことができることに気づかせることをねらっている。したがって，水がきれいになるまでのようすを通して，私たちの快適で健康な暮らしを支えている多くの人の働きや関係機関の協力のようすをつかむことに焦点をあてた見学をさせることが重要である。

　②見学にあたって

　見学学習の一般的な留意点については次ページのコラムで示す。

　見学にあたっては，それぞれの市などで浄水場のパンフレットなどが用意されているので教師が事前に収集して事前指導に活用したい。また，地域の副読本でも身近な浄水場を取りあげている。それらを活用して，教師が事前に「見学プリント」のようなものを作成し，それらに，浄水場の人に聞きたいこと，聞き取ったことの整理の仕方，まとめ方をそれぞれの浄水場に応じて作成しておくことが大切である。

　さらに，取水堰，ちんさ池，取水ポンプ，ちんでん池，ろか池，などの施設の名称や，塩素，活性炭，有害物質，水質検査などの専門用語についても，

児童の理解度に応じた方法と内容で事前に調べさせ，質問の際やまとめや整理にそれらの用語を適切に使えるようにさせることが必要である。

2）クリーンセンターなどの見学，調査の実際

①見学のねらい

地域によっては，資源化センターなどの名称で呼ばれているところも多い。ここでは，クリーンセンターとして述べる。

各地の副読本にも，クリーンセンターや資源化センターなどの仕組みの絵図が写真とともに，大きく掲載されている。ごみ処理場というイメージとは大きく異なり，廃棄物の処理だけでなく，ごみ焼却の熱を利用した温水プールや発電システムによる売電など，最新の技術を活用した施設を併設している処理工場もある。それらの工場の見学に際しては，リサイクルや資源ごみというような視点から，見学させることが大切である。その際，リサイクル（原料にして使う），リユース（何度でも使う），リデュース（ごみそのものを減らす）などの考え方について，事前指導で理解を深めていくことが，そこで働く人たちへのインタビューの際に不可欠である。

その場合は，資源ごみとして，びん・かん・ペットボトルなどに分けて処理しているようすを「ごみは資源」という観点から見学させることが大切で

---

column **見学スキルとマナー⑩の約束**

①どんなことを知りたいのか，その訳などを決めておく。

②実際の場面での，話し方や聞き方を練習しておく。

③施設の決まりやマナーをあらかじめ調べしっかり守る。

④説明してくれる人への挨拶やお礼をしっかり言える。

⑤質問するときはその訳や聞きたいと思った理由も入れる。

⑥聞き取ったことはその場で要点をまとめて整理する。

⑦数字や専門的な用語はその場でしっかりメモする。

⑧友だちの質問とダブらないようにする。

⑨聞き取ってわかったことと自分の考えを理由も入れてまとめる。

⑩学習が終わったらクラスでまとめてお礼状を送る。

ある。その際，既習学習で，ごみ集積場所で，曜日ごとに，びん・かん・ペットボトルなどに分けて家庭ごみを出していることや，スーパーの入り口などに資源ごみの回収ボックスがあることにも着目させ，「ごみは資源」の意識で，さまざまな場所で多くの人の協力によって行われている分別処理の取り組みが，クリーンセンターの仕事を支えていることに気づかせることが大切である。

②見学にあたって

毎日の暮らしのなかで出されるごみの収集と，それがどのように処理され，再利用されているのかについて，リサイクルやリユース，リデュースなどを意識して見学させることが大切である。具体的には前記のコラムを参考に，聞きたいこと，自分の予想などを整理して見学させたい。具体的には収集車の数，ごみの処理の仕方，働いている人の数や仕事の内容，どのような機械があるのか，残ってしまったごみの行方などが考えられる。

その際，各家庭で行っているごみの分別処理の方法を参考に，粗大ごみ，金属ごみ，びん・かん・古新聞や古紙，燃えないごみなどの種類を想起させ，それらのごみがどのような方法で処理されているのか具体的に予想させるという見学学習の視点が具体的になってくる。その際，エコマークといわれているマークについても関心をもたせることが大切である。

実際の見学では前記のコラムなどを参考に，聞き取りメモや見学ノート（仮称）などを事前に準備して配布したい。

（3）資料活用の実際

ここでは，教科書の絵図を活用して，調査する場合の活用事例を述べる。

教科書には，大きく県全体の「水の送られてくる経路図」が示されている。水が送られてくる範囲や山に降った雨やダムから導水管を経由して浄水場までの経路を俯瞰することで都や県といった地域を超えて，関係機関が協力して毎日使う大量の水の確保について概要を捉えることをねらっている。いわば，メイン資料である。県全体や県を超えた大きな地域の市や町と協力しながら，きれいで安全な水がいつでも必要なときに必要な量が計画的に給水されていく仕組みと，それを可能にしている関係機関の人々の働きを具体的に

図表5-2　水が送られてくる経路図

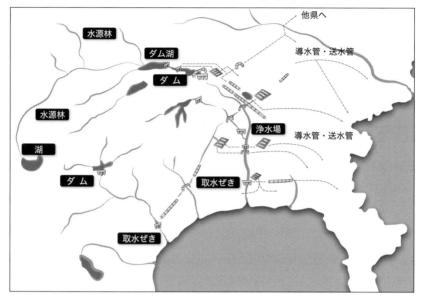

出所）『小学社会　3・4下』教育出版，p.66-67をもとに作成

つかませることが求められる。

　実際には，県全体の白地図や県や水資源開発公社などが発行しているパンフレットなどを活用して，教師が白地図などを作成し，着色作業を通して，実際の水の流れを確かめさせたい。その際，水が多くの市や町を経由してそれぞれの家庭に供給されていることに気づかせたい。

（4）教科書の絵図の活用例

　ここでは，実際に見学ができない場合に教科書資料を活用して調査学習する事例について，浄水場とごみ処理工場の資料活用について述べる。

1）浄水場の絵図の活用事例

　実際に見学できないので，写真と浄水場の見取り図（絵図）を関連させながら，水をきれいにする仕組みを理解させることが求められる。

　その際，取水井，着水井，ちんでん池，ろか池，水質検査，中央管理室な

どについて，見取り図や写真と教科書やパンフレットの説明とを関連させて理解させ，工程図とそれぞれの場所で働く人の仕事の写真とを結び付けさせることが大切である。臨場感をもたせるため，実際の映像を視聴させ，実際に働いている人のインタビューなどを組み入れるなど授業に変化をもたせることも効果的である。

　写真資料で示されている働く人のようすなどから，安全・安心を第一に考えて，機械のシステムを24時間監視したりしながら，いつでも必要な量の安全で清潔な水が確保されていることに気づかせたい。県全体の水の経路図とも関連させて，これらの人々の工夫や努力が市や県を超えた広い地域との関連で行われることで，安全・安心で清潔な水が確保されていることにも気づかせたい。

　2）ごみ処理場の絵図の活用事例

　教科書には大きくごみ処理場の絵図が示されている。それらの絵図と各地域の自治体で発行しているパンフレットや市の広報誌のごみの分別処理の啓発記事などを活用したい。絵図にはプラットホーム，ごみピット焼却炉，有害物質など専門用語で説明してある工程が多くある。

　児童は実際の見学をしていないので，それぞれの工程と写真資料とを結び付けながら働く人の具体的な姿をとらえさせたい。さらに，専門用語が数多く使われているので，どのような施設や働きをする設備なのか具体的につかませるよう，工程図に自分の言葉で書き込めるような指導上の工夫も考えたい。

　具体的な理解を促すためにも視聴覚映像があればぜひとも活用したい。　ゲストティーチャーとして，ごみ処分場で働く人に教室で話を聞くことや，教師が実際にインタビューをした録音を聴取させるなど，臨場感をもたせることで，見学できないデメリットを解消したい。

　さらに，身近な家庭ごみの分別処理の方法と実際のごみ処分場の処理の仕方を比べたりして，日々の自分たちの取り組みがリサイクル工場やごみ処分場の仕事に大きく結びついていることに気づかせたい。

　また，以下に示すリサイクルマーク（エコマーク）なども活用して「ごみは資源」という観点からごみ処理が行われていることに気づかせたい。

図表5-3　身近にある数々のエコマークの例

(5) 広げ，深める，発展学習

　飲料水や電気，ガスの確保について，主として飲料水について教科書教材で取り扱ってきたが，東日本大震災を契機として原子力発電についての関心が高まっている。そこで，今まで，いつでも，どこでも，安全・便利に使用してきた電気について改めて発展学習として取りあげることにする。

　児童の身の回りの快適な暮らしを支えている飲料水と並んで，電気の安定的供給について考えさせ，電気の大切さをしっかりと意識付けさせることが求められている。そこで，ここでは暮らしを支える電気を「エコ」「安全」「環境」という視点から電気の安定供給について取りあげる。

　上記の3つの視点から，電気はどこから，どのようにして送られてくるのかという課題をもとに，電力会社や国のパンフレットなどを教師が事前に収集して，児童の発達段階に応じ，理解しやすいプリントにするなどして提示して発展的な課題学習とさせたい。

　以下学習のキーワードとなるものを例示する。

　　①学習課題例として

　　　　○電気はどこから来るのだろう

　　　　○電気の通り道はどこだろう

　　　　○電気をつくる原料は何だろう

　　　　○未来の電気はどうなるのだろう　等々

　　②学習のキーワードとして

　　　　○原子力　○火力　○水力　○風力　○太陽光　等々

　　③考えるキーワードとして

○安全・安心　　　○エコ　　○地球に優しい（環境）　等々
　④活用する資料として
　　　○電力会社のパンフレット　　○経済産業省のホームページ
　　　○新聞やテレビのニュース記事
　　　○身の回りの太陽光発電システムや太陽電池などのCM

2　安全な暮らしを守る公共の仕事

　ここで学習する内容は，主として災害や事故防止に関する地域の関係機関の公共の仕事について学ぶ。具体的には災害に関することでは消防署の働きを，事故防止に関することでは警察署の仕事が中心になる。

　学習では実際に消防署見学や学校での地震や火災の避難訓練，校内にある消火器や火災報知器などの施設・設備，警察署と共催の交通安全教室など身近なものが多く教材として登場する。

　しかし，これらは，安全教育や安全指導の観点で学習することが多く，社会科的視点で考えることは少ない。改めてこれらの施設・設備を災害や事故防止の観点で，社会科の教材として考えることにする。

（1）災害から人々を守る仕事

　地域社会の災害から人々を守る仕事の中心として機能しているのは消防署である。教科書でも消防署をメイン教材としている。ここでは，消防署のさまざまな取り組みと地域の防災組織としての消防団の2つを取りあげる。

　1）消防署のさまざまな取り組み

　地域社会の災害や火災から人々の暮らしや命を守る仕事としての消防署の取り組みを以下の3つに分類して述べる。すなわち，①災害を未然に防ぐ取り組み，②緊急な災害に対応する取り組み，③命や暮らしを守る取り組み，の3つから地域素材の教材化を考える。

　①災害を未然に防ぐ取り組み

　教科書に掲載されているおもな資料などについて概説する。

図表5-4　「災害を未然に防ぐ取り組み」

おもな教科書資料	見学・調査の留意点	身近な教材や工夫や努力の観点
消火・救助訓練などの写真	消火訓練や救命・救助訓練の写真から，日頃から消防署の人が緊急時に備えていることに気づかせたい。	学校に常備してあるＡＥＤなどに着目させる。
日頃の道具点検などの写真	ホースやはしごなど緊急時に素早く使えるように日頃から訓練や点検をしていることや，体力づくりもしていることに気づかせたい。	学校内にある消防設備のロープにも着目させる。
地震や火災への学校での避難訓練や消火体験などの写真	学校で行う地震や火災の避難訓練に消防署の方々が協力して下さることに着目させ，学校と消防署が協力していることに気づかせる。	避難訓練での「おかしも」などの標語に込められた願いに気づかせる。
火災予防運動などの写真	火災予防運動のポスターや標語に込められた願いや運動の目的に気づかせたい。	身近な標語に注意を向けさせる。
消防施設点検などの写真	道路にペンキで表記してある，消火栓や防火槽などに気づかせ，それらの周囲は駐車禁止になっていることの意味にも目を向けさせる。	教室にある煙感知器や火災報知器に目を向けさせたい。

②緊急な災害に対応する取り組み

教科書に掲載されているおもな資料などについて概説する。

図表5-5　「緊急な災害に対応する取り組み」

おもな教科書資料	見学・調査の留意点	身近な教材や工夫や努力の観点
消防署の施設の写真	仮眠室や2階からのポール，ヘルメットや消防服の配列，消防署の前の道路の駐停車禁止の標識，司令室などからいつでも緊急に出動できる体制であることに気づかせる。	緊急時に一刻も早く現場に駆けつけることができる工夫に気づかせる。
消防車の写真	ポンプ車，はしご車，給水車などの違いや，それぞれの車両が災害発生時に果たす役割について気づかせたい。	さまざまな災害に応じた消火活動ができる仕組みを理解させる。
消防士の服装の写真	熱に強く，丈夫で，反射板がついている。酸素ボンベや命綱を付けて作業するなどを通して，命を懸けた仕事であることに気づかせる。	実際の見学では消防服の体験を通して重さを実感させ，苦労に気づかせる。
勤務の割り振り表や勤務のようすの写真	消防署の人の勤務は24時間勤務で，交代でいつでも消防署に勤務していることに気づかせたい。	食事や入浴施設完備でいつでも出動ＯＫに気づかせる。
救急車の仕組み	命を救うためのさまざまな装置や応急措置をする救急救命士という資格のある人が乗車していることに気づかせたい。	緊急出動のときは道をゆずるなどの協力が必要なことを理解させる。

③命や暮らしを守る取り組み

教科書に掲載されているおもな資料などについて概説する。

図表5-6　「命や暮らしを守る取り組み」

おもな教科書資料	見学・調査の留意点	身近な教材や工夫や努力の視点
避難場所などの写真	学校や公園などに災害時の避難場所の看板がある。ふだん何気なく見ていても，社会科の教材として見ることは少ない。改めて自分たちの命と暮らしを守る施設であることに気づかせたい。	近くの公園や学校の看板に注意を向けさせる。地域マップなどで，避難場所が工夫されて配置されていることに気づかせる。
防災備蓄倉庫の写真	学校の校庭の隅や公園などに設置されている。災害時の食料が保存されていることに触れ，命を守る倉庫であることに気づかせる。	定期的に中の食料品を交換して，常に新しい，安全な食料が保存されていることに気づかせる。
町内会の防災訓練の写真	地域の防災訓練でけが人の手当ての講習会が行われていることを知り，地域で協力して命を守る取り組みが行われていることに気づかせる。	市の広報誌などを活用し関係機関の取り組みに気づかせる。

2) 消防団や地域の人々の取り組み

　各地域には消防団があり，地域の人々がさまざまな取り組みを行っていることや，それらは消防署や関係機関と連携，協力して行っていることに気づかせたい。消防団の取り組みも消防署の仕事と同様に，災害を未然に防ぐ仕事や災害発生の場合の取り組みなどに分けられる。

図表5-7　「消防団や地域の人々の取り組み」

おもな教科書資料	見学・調査の留意点	身近な教材や工夫や努力の観点
訓練の成果発表会の写真	消防団の活動はなかなか見る機会が少ないが，定期的に各消防団の訓練の成果の発表会として運動公園などを会場に実施される。写真を通して，地域の人々が協力して地域を災害から守ろうと努力していることに気づかせたい。	各地に消防団倉庫や消防団のポスターなどが掲示されている。事前に教師が資料収集するなどして，地域の人々の協力体制に気づかせたい。
春や秋の火災予防運動の写真など	消防署と共催で消防団が火災予防運動などを行っている。市のポスターなどを収集して児童に提示し，地域の協力体制のようすについて気づかせたい。	学校にもポスターや標語の依頼があるので，災害を防ぐ仕事と関連させて理解させたい。
消火訓練などの写真	消防団の人が消火訓練や防災訓練を行っているようすに気づかせたい。	地域の文化財などの火災予防の標識に注意させる。

①教科書掲載のおもな資料などについて前ページの図表5−7に概説する。

②具体的な調査，見学に際しての資料の活用事例

　ここでは地域の自治会や町内会が関係機関と協力して火事や災害に備えて取り組んでいるようすについて，身近にある消防団倉庫を実際に見学・調査活動する場合における，地域の関係機関の協力や地域の人々の工夫や努力に気づかせる視点について述べる。

【地域の消防団の倉庫】

　児童の身近な地域には消防団組織があり，さまざまな活動を行っている。しかし，倉庫そのものの存在に気づかず，気づいていても自分の日々の安全で快適な暮らしを支えている施設であるとの認識が薄い。そこで，消防団の方の説明を受けながら消防倉庫の中のさまざまな機材や日頃の消防団の方々の取り組みについて説明を受け，消防署と連携して災害や火災のときに重要な働きをしていることに気づかせたい。

　3）学校の中にある災害を防ぐ設備

　学校の中にもさまざまな災害に備えた設備や工夫が施されているが，児童はそれが火災に関係することとはわかっていても，災害に備えた計画的，意図的な関係機関の働きによる施設・設備であるという社会的意味には気づいていない。そこで，それらの施設・設備を分類整理して児童に気づかせるよ

図表5−8　「学校の中にある災害を防ぐ設備」

3つの分類の施設・設備	児童の身近な用具・設備など	見学・調査活動の留意点	気づかせたり，考えさせる内容
火事を知らせる用具や設備など	火災報知器 消火栓（発信機） 煙感知器 熱感知器	教室や廊下などさまざまな場所に備えてある。校舎の平面図などに調査したものを書き込ませ，学校全体に配置されていることに気づかせたい。消防署の方との協力のようすに気づかせる。	学校の防災計画の組織図を用意し，安全主任の先生の話を紹介して，計画的意図的な取り組みに気づかせる。避難訓練のようすから，消防署などと協力して安全対策を行っていることに気づかせる。
火事のとき役立てる用具や設備など	消火栓 消火器		
火事から命を守る用具や設備など	防火シャッター 救難バシゴ 救助ぶくろ ＡＥＤ 避難訓練		

図表5-9 校舎内にある消防設備のある場所

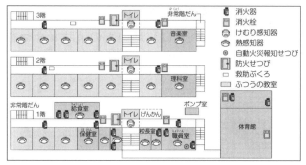

出所)『小学社会 3・4下』教育出版, p.31

うにしたい。ここでは，①火事（災害）を知らせる，②火事（災害）発生時に役立てる，③火事（災害）から命を守る，の3つから整理して示す。

これらの調査活動の結果を学校の校舎平面図に集計して，気づいたことやわかったことをまとめさせたい。前ページ図表5-8に教科書掲載図と調査活動を行う際の留意点を参考に示す。

【学校の消防施設調べの方法例】

①事前に教師が学校の平面図を用意

②クラスで分担して，消防設備探検を行う

③消火器，消火栓などに分けて平面図に記入する

④平面図をまとめて，大きな平面図の集計をする

⑤火事を知らせる，消す，命を守る，などに分ける

⑥3つの観点から，それぞれの設備がその場所にあるわけを考える

⑦考えたことを発表する

4) 地域にある災害や火災に備えた施設・設備

ここでは，地域にも災害や火事に備えた施設や設備があることを調べ，災害に備えた関係機関や地域の人々の協力体制や工夫や努力に気づかせることをねらっている。

教科書には学校の周辺の地域の消火栓や防火水槽などの消防設備がある地域マップが示されている。

　地域の白地図をもとに，学区の防災探検活動を通して，身近な場所にその施設や設備があり，大きな標識が示されていることから，いざというときの災害への備えが組織的，計画的に行われていることに気づかせたい。

図表5-10　消防設備のある地域の地図

出所）『小学社会　3・4下』教育出版，p.33

（2）事故の防止と安全な暮らし

　ここでは事故に備えた取り組みと，事故が発生したときに緊急に対処する関係機関の体制について学習する。地域における事故防止の中心的機関とし

図表5-11

教科書掲載資料	具体的な資料の写真	見学・調査活動の観点
事故を未然に防ぐ取り組みの資料	学校での交通安全教室 登下校の安全教室 さまざまな道路標識などの整備 ・点字ブロック ・音の出る横断歩道 ・登校時間の車両進入禁止 ・歩車道分離の標識など	道路標識などは学校周辺の白地図に道路標識を記入させ，それぞれの場所にどのような標識があるのか，安全や事故防止の観点からその訳を考えさせる。
事故発生時の緊急対応の資料	110番通報システム 110番の緊急指令システム	教科書のシステム模型図に順番に番号を付けるなど，緊急時の関係機関の協力体制に気づかせる。
安全・安心の活動の資料	子ども110番の家 町のパトロール 老人家庭への訪問指導など	登下校時の自分たちの安全・安心とのつながりに気づかせたい。

ては警察署であるが，消防署に比較して実際に調査，見学活動がしにくい面がある。教育現場では地域の交番の巡査への聞き取りや，学校に招聘しての聞き取り活動が中心になることが多い。ここでは警察署での聞き取り調査，身近な学校周辺の事故防止のさまざまな施設，設備の調査活動，そして，地域の人たちの事故防止の取り組みの3つから教科書資料を中心に述べる。

1) 警察署での聞き取りや見学，調査

　これらのなかでもとくに直接見学できない110番システムについて，教科書に掲載された資料の事例を通して，資料の読み取りについて述べる。

　実際に児童が事故現場に遭遇したとして，110番通報したときの連絡の仕方やその連絡が，どのような経路を通して緊急時の対応となって機能していくのかについて，具体的な作業化をさせながら理解させたい。

　具体的には，災害発生の現場から110番通報した場合を想定して，110番システムの図に順番に番号を付けていく作業などが考えられる。その際，現場にいち早く出動するための連絡体制の仕組み，命を救うための関係機関への連絡と出動などを一元的に行っているシステムであることや，関係機関との連携，協力体制が24時間なされていることに気づかせたい。臨場感をもたせるとともに，実践的で具体的な知識，技能として理解させるために，話し方など役割演技をして動作化させると効果的である。

【話し方や動作化の例——次のことはしっかり伝えよう】

　○事故発生時の連絡内容：いつ，どこで，どんな事故が発生したのか。

図表5-12　110番システム

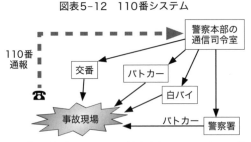

出所）『小学社会　3・4下』教育出版，p.13をもとに作成

○相手への自分の名前や連絡先：住所と名前と電話番号などの連絡方法。

2）学校周辺の道路などでの事故防止の取り組み
①道路標識調べの調査活動
　白地図などを事前に用意し，学校周辺の道路標識について白地図に記入させる。道路標識については教師が事前に道路標識の一覧表のようなものを用意して，各自に持たせて調査活動させると効果的である。
②調査のまとめの活動
　調査したことをもち寄って，どこにどのような標識があったのかを整理する。その際，何らかの整合性があることに気づかせる。たとえば，信号のある場所，点字ブロックの場所，スクールゾーン，制限速度表示など，事故防止・安全などの視点で整理させたい。気づいたことやわかったことを自分の考えやその訳を入れて発表させる。その際，警察の仕事が自分たちの生活の安全，安心，事故防止に不可欠であることに触れさせる。

3）地域の人々の事故防止への取り組み
　教科書では「安全運転の呼びかけ」や「子どもＳＯＳ」「子どもセーフティーネット」の取り組みなどが事例として写真資料で掲載されている。それらを参考に，身近な地域でのさまざまな取り組みについて，登下校時を利用したり，市や町のパンフレットなどを活用させて調査活動させたい。
　教科書では学区内にある「こどもＳＯＳ」や「こども110番」の家庭の位置が示された地図が示されている。これらを参考に，自分たちの地域の「安全・安心探検活動」のような取り組みをさせることで，何気ないふだんの安全な生活が，関係機関の連携や協力，地域の人々の協力や工夫や努力によって成り立っていることに気づかせることが大切である。

（3）広め，深める，発展学習
1）「安全・安心地域マップ」作り
　今までの学習をまとめて，「安全・安心マップ」（仮称）として整理させる。総合的な学習の時間を活用することも考えられる。さらに，東日本大震災

の教訓から，地震に備えた安全・安心な取り組み（防災教育の視点）からの取り組みも考えられる。

　以下のような資料を教材として活用させ意識化を図るのも効果的。
　　　○学校の校舎に施されている耐震補強施設
　　　○各自治体でときおり流される防災無線の放送内容やその役割
　　　○市や町の広報紙での安全・安心の啓発標語など

2)「安全・安心カルタ」作り

　今までの学習で聞き取りや見学してきた関係機関の方々の人物カルタなどを作成して，多くの人によって安全・安心が成り立っていることに気づかせるカルタ発表会などを計画する。

　その際，関係機関で分ける方法と災害防止，安全・安心，事故防止など内容別で分ける方法などがある。実際の学習活動の経過から児童に興味関心をもたせやすい方法を用いたい。

3　自然災害にそなえるまちづくり

　「小学校学習指導要領　社会」に第4学年の新しい単元として自然災害に備える内容が加えられたのは，近年の災害の激甚化をかんがみれば，当然のことであろう。きっかけとなったのは10年以上前に三陸沖で発生した地震による東日本大震災ではあるが，その後に起きた熊本地震や福岡県での大雨被害，広島県での線状降水帯による大雨とがけ崩れ，北海道での地震や大雪被害など枚挙に暇がないくらい毎年のように甚大な被害が生じている。文科省も教科書会社の編集を一堂に集め，防災の内容を充実するように要望するよう指示した会も開かれたほどである。その影響もあって社会科教科書にもかなり防災関連内容が充実するようになった。とりわけ，第4学年に単元化されることになった。

(1) 地震災害を軸とした教科書の記述

　手元にある検定教科書『小学社会4』(教育出版)を開いてみると「自然災

害にそなえるまちづくり」と題して，33ページにわたる記述となっている。冒頭のページには，次の4枚の災害写真が大きく掲載されている。「地震によってくずれた建物や道路（熊本県益城町）」「ふん火して，けむりを上げる火山（長崎県南島原市）」「はげしい雪にみまわれた地域（北海道遠軽町）」「短時間の大雨によって，水につかったまち（福岡県福岡市）」の4地点の写真が掲載されている。「事故や火災とちがって自然によって引き起こされる災害だ」と本文中で登場人物がつぶやいており，自然災害に学習題材は焦点化されている。

　33ページにわたる記述と前に述べたものの，中心教材は半分の16ページであり，そのほかは自然災害の種類に応じた選択教材の記事となっている。中心教材は，「地震にそなえるまちづくり」と静岡市が事例地となっている。市役所で防災課の職員にインタビューし，地域防災計画の図と防災を担っている公共団体や自主防災組織などとの協力関係が図解で解説されている。基本的には，その学習で培われる資質・能力は，第3学年に配置されている消防署の働きの解説図と同類のものであり，いろいろな関係機関が連携して減災に努めていることと地域にくらす自分たちの果たす役割を考え合う内容となっている。つまり，小学校社会科が大事にしている社会機能（社会のしくみ）を安全な暮らしを維持する公共の仕事というアングルから理解させる内容となっている。

　具体的な教材内容としては，市が配布する防災ラジオ，防災マップ（ハザードマップ），市の広報パンフレット，かまどベンチ，防災トイレ，津波ひなんタワーが取り上げられ，社会見学として地震防災センター見学が盛り込まれている。

　教科書で描かれている静岡市の場合は，150年以上前に起きた安政東海地震がとくに焦点化され，100〜150年ごとに大きな地震の発生があることを地震年表（数百年前からの県内で起きた災害履歴）で学ぶ内容となっている。後半は，「地域にくらす人々のそなえを調べよう」と題した問いかけで「自治会長の話」や「住民の話」「防災倉庫」「防災訓練」などが写真入りで取り上げられている。児童が自分に引き寄せて防災を考えるよう「身の安全をたしかなものにしよう」という流れで学習は展開している。県内の焼津市に住む高

校生の防災活動や岩手県釜石市の人々の取り組みなどが紹介されている。「まとめ」の段階では，表に整理する学習が見本として提示されている。市役所，地域防災センター，自治会，地域住民の4者から，「どのような取り組みをしているか」と表に整理する構成になっている。

(2) 水害にそなえるまちづくりを軸とした教科書の記述

後半の選択教材では，「水害にそなえるまちづくり」の例として新潟県三条市が，「火山の噴火にそなえて」の例として北海道伊達市が，有珠山の噴火災害を事例に描かれている。さらに，「雪の災害にそなえて」と雪害も扱われ，秋田市での豪雪被害が取り上げられている。選択教材は水害の例が10ページと多く，それ以外は2〜4ページと少ない。これは，地震と共に，発生頻度では多数にのぼる水害のリスクが重要視されているからであろう。特徴的な図解としては，図表5-13に示すように「水害から住民を守るしくみ」の理解に重点が置かれている。

社会科では社会事象の理解を深めるため，関係機関の協力や公共的な取り組みを重点的に解説することに比重が置かれている。

ところで，災害のデパートと称される我が国の災害事情をつかませるには，地震災害や水害だけにとどまらずに，その他の種類の自然災害を地域の特性に応じて選択教材の中から1つは取り上げて教育内容に加えるべきかもしれない。津波や竜巻，高潮，雪害，日照りによる高温，地滑りなど多彩な災害がその候補としてあげられよう。また，教科書には，まとめの段階では，「調べたことを関係図に表す」という振り返りの学習場面が提示され，ウェビングのような形式でまとめていくように促している。つまり各県での災害履歴をヒントにしながら，これから起きうる災害への対応力を伸ばす構成になっている。

結局のところ，社会科で学ぶ自然災害にそなえるまちづくりとは，市や県，国は災害にそなえてどのような取り組みをしているか，過去の県内の災害が今のそなえにどのように生かされているかを考えさせることといえる。このように社会のしくみ理解が重点になっている。しかし，最終的には住民自らが気づき，防災行動に結びつくことのできる資質・能力の伸長を期待してい

図表5-13　しくみ図

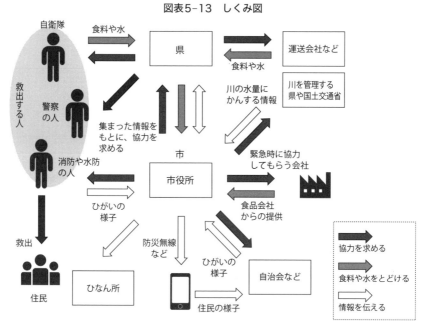

出所）『小学校社会4』教育出版，p.105をもとに作成

るわけであるので，小学校中学年での地域に根ざした社会科授業には，今後
一層の改善が必要といえるだろう。

（3）不足する自助の能力伸長

　社会科という教科の持つ限界かもしれないが，地理的想像力を駆使した危
険回避能力ともいえる自助に関する資質・能力の伸長は，残念ながら不足し
ている。例えば，ハザードマップは社会科教科書内に紹介されているものの，
実際，市の地図を持って自分の住む地域の地形の詳細を歩いて観察させたり，
地域の災害弱点箇所を予測させたりする学習はほとんど行われていない。ま
た，いくら自県の災害履歴を学んでも自然災害は狭い範囲の微地形や微気候
の理解なくしては，十分な被害低減にはつながらない。特に，水災害は，わ
ずか数十センチの標高差で床上浸水か否かが異なってくる。強風や降雪量も

地形に左右される部分もある。

　目下，線状降水帯の発生を予測するテクノロジーが民間の気象予測会社や気象台で磨かれつつあり，将来的には天気の予測は格段に向上することが考えられるものの，身近な地形の理解は各人が磨いていくしかない。地震災害に対しても建物の構造理解や地盤の弱さの認識がどうしても欠かせない。それらの理解は，具体的なフィールドワークを介して地域点検するほかはなく，ハザードマップ＋地域点検を防災学習では基本としたいものである。当然，社会科だけで学習に要する時間数を確保できないため，理科や総合的学習，住居領域を有する家庭科なども活用しつつ，教科横断的なテーマの設定により単元化するほかはない。防災学習は，教材内容としても災害特性の理解という複合的な内容があり，自助能力としては防災グッズや避難生活に必須の備品，食品などへの関心も期待するためには，社会科だけではその能力の伸長は期待できない。教師のカリキュラム・マネジメントが求められる。

| 確認問題 |

1　浄水場やごみ処理場・資源化センターなどを見学学習させる際，教科書資料やパンフレットを活用して事前指導することが多い。その際の留意点について，どちらか1つを選択して200文字程度で述べよう。

2　この学習では地域における社会的事象を観察，調査したり，具体的資料を効果的に活用して，考えたり，表現する力を育てることが求められている。災害や事故の防止の内容から，事例を1つ挙げ，どのような資料を活用し，社会的事象を見学，調査したりして調べさせるか，具体的に述べよう。

3　自分の県内で過去に起きた自然災害について，その特色と被害の様子を調べ表にまとめてみよう。

より深く学習するための参考文献
・寺本潔『楽しく遊ぶ学ぶ　よのなかの図鑑』小学館，2014年
・日本社会科教育学会編『社会科教育と災害・防災学習——東日本大震災に社会科はどう向き合うか』明石書店，2018年

第 **6** 章

年中行事と道具からみる暮らしの向上

　この単元のねらいは，地域社会に生きる人々の暮らしを成り立たせている生活文化の歴史的背景や変遷に目を向けることによって，そうした文化を築き上げた先人たちの祈念，そして伝統の継承と生活の改善に捧げられた彼らの労苦が，現在の自分たちの生活の基盤を成していることを学ぶことである。児童には，地域住民へのインタビュー，郷土資料館などの参観，さらに可能ならば行事への参加や生活用具の使用体験を通して，自分たち自身がほかならぬこの地域社会生活の担い手なのだという実感をもつことが期待される。

キーワード

　　地域社会の生活　年中行事　生活文化　生活用具　文化財

1　本単元の目標と内容

　現行「小学校学習指導要領　社会」(以下「指導要領」と略)における第4学年の社会科の目標の1番目は，次のとおりである。

　　　自分たちの都道府県の地理的環境の特色（中略），地域の伝統と文化や発展に尽くした先人の働きなどについて，人々の生活との関連を踏まえて理解するとともに，調査活動，地図帳や各種の具体的資料を通して，

必要な情報を調べまとめる技能を身に付けるようにする。

　本章ではこの目標のうち，理解目標としては「人々の生活との関連」を，態度目標としては「地域社会に対する誇りと愛情」を取りあげて，その実現に向けての教材のあり方について考えてみたい。
　「指導要領」では，この目標実現に向けて，

　　（4）　県内の伝統や文化，先人の働きについて，学習の問題を追究・解決する活動を通して，次の事項を身に付けることができるよう指導する。

と内容を規定している。「自分たちの祖先や地域の発展に尽くした先人の働きにより地域の人々の生活の向上に貢献した」と規定し，その歴史的背景や変遷の側面に着目した学習内容を想定している。さらに文中でいわれる見学・調査対象となる「次のような知識及び技能を身に付けること」を，

　　（ア）　県内の文化財や年中行事は，地域の人々が受け継いできたことや，それらには地域の発展など人々の様々な願いが込められていることを理解すること。
　　（イ）　地域の発展に尽くした先人は，様々な苦心や努力により当時の生活の向上に貢献したことを理解すること。
　　（ウ）　見学・調査したり地図などの資料で調べたりして，年表などにまとめること。

としている。本章で扱う教材はこれらのうち（イ）の生活の向上に貢献したこと，そして（ア）の伝承文化財や年中行事である。
　なお，生活の道具の時期による違いに関しては，第3学年の「市の様子や移り変わり」の中で扱われるよう改訂が加えられた。

2 生活用具と人々の暮らし

(1) 生活用具の捉え方

「生活用具」とは字義どおり，人々の日々の生活維持のために用いられる道具類である。生業のために用いられる農機具や工具などの「生産用具」とは区別される。その種類は人々の生活の及ぶ範囲にしたがって多様であり，とくに立地や気候など，地域性によって生活条件が大幅に規定される近代以前の社会では，用いられる道具類の多様性は現代の比ではない。名称すら異なることが多い。

しかしどんな条件下にあっても，人間の生活が，衣食住の3極を基本として成り立っていることは，普遍的であると言ってよいだろう。したがって，本単元において人々の暮らしに関わる道具類をその用途に準じて分類してみると，学習対象はおおよそ次のようになるだろう。

A衣： 裁縫用具，糸繰り，織り機，洗濯用具，雨具など
B食： 炊事用具（鍋・釜など），炊事施設（かまど，炉など），食器類など
C住： 暖房器具，空調器具，照明器具，掃除用具，環境維持用具（防虫具や掃除用具，香炉など），家屋構造など
Dその他： 寝具（布団，枕など），祭具（仏壇・神棚など），通信機器，情報機器，娯楽用具等々

こうした用具類の歴史的変遷を問題とする場合，次のような継承様態の区分を念頭に置いて教材化することが必要である。

①生活条件の変化に伴い，現在はほとんど使われなくなったもの
②ほとんど形を変えずに，現在も使われ続けているもの
③技術の進歩を受け，素材や形を変えながら現在も使われ続けているもの
④伝統工芸となって，地域振興に貢献しているもの

④の場合，さらに芸術的鑑賞の対象になっているもの，地域文化の象徴として土産物になっているもの，生活用具として一部では使われているもの，などに分類できる。

　本単元の主旨に即して考えた場合，実際に授業で教材として利用可能か否かの判断の際には，上記A〜Dの用途分類と①〜④の継承様態とを組み合わせて考えてみるとよいだろう。たとえば，A−②には裁縫用具などが当てはまるだろうし，アイロン（火熨斗(ひのし)）は明らかにA−③だろう。炊飯器は飯炊き釜の後継と見ればB−③であろう。江戸時代に開発された携帯用照明器具である「龕灯(がんとう)」が，C−①になるのか，それとも提灯(ちょうちん)の後継，懐中電灯の先行としてC−③となるかは判断の分かれるところである。あるいは同じ伝統的な照明器具である「提灯」も，C−①なのかC−④なのかは地域によって偏差があるかもしれない。「箸」もまたB−②から④まで，地域によって当てはまり方が異なるだろう。いずれにしても，教師自身があらかじめ解答を用意しておくのではなく，子どもたちにこの組み合わせパターンをもとに分類を検討させてみるのも，有効な思考指導となる。

（2）大原則としての思考指導

　生活用具の進展については，調べ学習の成果に基づいた思考指導を，授業の中核に据えることを大原則とする。単に昔の道具がどのようであったかについての表層的な知識の伝達や，昔の生活は労力が要って大変だったというような予定調和的な結論への誘導はぜひとも避けなければならない。

　この単元においてもっとも注意すべき重要な点は，生活用具の学習は，生活用具についての知識を得るための学習ではない，ということである。社会科の学習の根底には，学校種や学年を問わず，また単元の種類を問わず，究極的には「社会生活を営む存在としての人間性の理解」がある。したがって，生活用具を学ぶ本単元においても，用具類自体に焦点を当てるのではなく，そうした用具を用いて生活を営み，維持あるいは改善しようとする人間のあり方そのものに目を据えておかなければならないのである。

　生活用具の学習には，どうしても使用実感の問題が伴う。使用実感には，

上述した地域偏差だけでなく，世代偏差もある。属する世代によって，前項の分類の仕方すら変わってくるだろう。たとえば，掃除用具である「はたき」は，ある世代にとってみればきわめて日常的な用具といえるし，現代の子どもたちの中には見たことすらない者もいるだろう。大人は自分の子ども時代に使用したり見聞きしたりした経験から，ある用具を懐かしむかもしれないが，その思いを子どもたちと共有することには多分に無理がある。下手をすると，思考指導どころか客観的知識の習得ですらなく，単なる懐旧心の過剰な押しつけになりかねない。とくに教師がキャリアを積んでいくなかで，児童との年齢上の開きの拡大にともなって，生活時間または現実感覚に微妙な，あるいは時として深刻な乖離を生じさせていく可能性があることを絶えず念頭に置いておきたいところである。

　したがって，生活用具学習において，先人の労苦と工夫に対する想像力を活性化させるには，一定の環境のなかで自分たちの生活様式＝文化を築き上げるということはどういうことか，を考えること抜きにしてはあり得ない。そうした問いはまた，3・4年生の地域学習全体を貫く大テーマであるし，また5年生における国土の多様性と各地の暮らしのようすについての学習にも，6年生の歴史学習にも連接する，根幹的な課題なのである。

(3) 生活環境の中での用具使用

　生活用具は，生活環境の中で用いられるという単純な事実を忘れてはならない。鍋や釜はどのような家屋構造で用いられるのか，竈や囲炉裏といった設備との関連を問題にしなければならないだろう。

　とくに指摘しておきたいのは，こうした衣食住すべてにおいて必要不可欠なのは「水利」であり，水資源をどのように生活構造の中に取り込むかで人々の暮らしの有様が変わってくるということである。たとえば「洗濯」である。洗濯は大量の水を必要とするので，洗濯板だけを単体で取りあげてみても意味がない。とすれば，次のような問題設定が不可欠である。

　　＊水利はどのようにして得ていたのだろうか。井戸を掘ったのだろうか，
　　それはどのようにして？　どれほどの労力がかかったのだろう？　井

戸からどのように水を汲み上げたのか？　それにはどれだけの力が必
要だったのだろう？

＊川端まで盥に入れた洗濯物を持ち運び，洗濯板や洗濯棒を使うなり何
なりし，再び水を吸った洗濯物を盥に戻して持ち帰り，干して乾かし
て取り入れるまでの労力はどれほどだろう？　洗剤はあったのだろう
か？　なければどうしていたのだろう？　あったとしたらどのような
ものを使ったのだろう？　汚水処理はどのようにしたのだろう？

　このような問いから，井戸の掘削や日々の水汲みの労苦，江戸の街への水
道の導入がどれほど画期的だったかがうかがわれるのであるし，玉川上水の
意義もこうした生活における水資源の重要性とその確保の困難を前提としな
ければインパクトに乏しいものになるだろう。水仕事がもっとも労苦が大き
かったことを考えさせれば，炊事や洗濯といった水回りの生活用具の改善が
どれほど，我々の日常生活にとって重要であったかがわかるだろう。
　したがって，児童には，川辺，用水路，井戸，水道施設など，暮らしが営
まれる家屋の立地条件を考慮しながらこうした用具類の意味を考えさせるよ
うにしたい。そうすれば，とくに炊事洗濯に関わる生活用具の変化は，水利
の確保状況との関連が深いことを意識させられるだろう。
　地域の社会資本との関連も押さえたい。現在使用中の道具も社会資本があ
ってのことである。電化製品は無論電気の供給がなくてはあり得ないし，台
所に目を向けても上水道の整備，ガス（都市またはプロパンガス）の供給が不可
欠である。社会資本が機能しなくなれば，どんな便利な道具でもその機能を
大幅に低下させるか，場合によっては使用不能になってしまうことを，先の
震災で身に染みて理解できたことだろう。上述の水利についての考慮も，別
単元で行う上水道・下水道の学習と連接させれば，いっそう効果的である。

（4）生活用具の改良原理

　生活用具類は，どのような原理に基づいて改良されるのかを考えさせるの
も，本単元の重要な側面である。単に「昔の道具はこうで，今はこうだ」と
いうように，生活用具の過去と現在を対置してそれでよし，としてしまって

はならない。過去と現在の間に違いが生じているなら，その変化の態様と原因がここでの中心的な学習課題となるはずである。したがって，児童に考えさせるべきは，その生活用具の「何が」「どのように」「なぜ」変わったのかという点である。「何が」は，対象となる用具の過去および現在の姿それぞれの観察，「どのように」は両者の比較，そして「なぜ」は比較の結果から推論することによって得られる改良原理である。この改良原理からこそ，先人の思いと願いとが読み取れるのであり，本単元を通してもっとも児童に考察を促したいところである。生活用具の改良を促す原理としては，たとえば次のように考えられる。

パーソナル化：共有から私有への変化。生活の個人化または私化によって村や町に共有のものから家族のメンバーに共有，そして私有されるに至る。使用者個人の使い勝手や趣味を直接反映する。たとえば腕時計，携帯電話，パーソナル・コンピュータなど。

コンパクト化：据え置きから移動可能への変化。技術革新によって本体の大きさそのものやエネルギーの供給装置が小型化・軽量化され，家屋構造や設備と不可分であったものがポータブルになること。たとえば懐中電灯，携帯音楽プレイヤーなど。

自動化：人力と人的判断への依存から。人の労力消費や手動による操作性を減らして快適なものにする。あるいは，操作に熟練を必要とせず，簡単なものにすること。たとえば産業場面における経済性を重視した省力化とは異なり，快適さが重視される。たとえば，全自動洗濯機や，オートフォーカス・カメラなど。

省エネルギー化：高エネルギー使用から低エネルギー使用への変化。おもにコストダウンを志向する。近年は環境負荷軽減を目指す製品が増えているが，人力または自然エネルギー使用の用具を電力使用などに切り替えることにより，負荷増に転じる局面もある。自動化とは対立する場合が少なくない。たとえば，ＬＥＤ照明，液晶テレビなど，ほぼすべての電化製品。

　こうした諸原理は結局のところ，利便化という原理に帰着するだろう。利便化は効率化を含む。大量の物事が，短時間，低エネルギー，低コストでコンスタントに生産されることを効率がよいという。効率的であり，使用者が快適さを覚え，習熟を必要とせず，労力を費やさないことを利便性が高いという。こうした効率化・利便化の追求の結果として上記4種の用具改良原理が派生したと考えられるが，その追求を手放しで賞賛してよいのか，あるいは過度のパーソナル化による個々人の孤立化や環境破壊など，負の側面にも目を向けて，新たな改良原理を模索すべきかは判断の分かれるところである。いずれにせよ，予定調和的な結論を事前に準備しておいて，児童の主体的な探求を阻害しないようにすることは心がけたい。

3　年中行事と生活サイクル

（1）年中行事とその学習

　人々の生活は，四季の移ろいのなかで秩序づけられている。天体の運行・自然の循環に伴ってめぐる季節の節目節目に，人々は日常とは異なる特別な営みを催し，歴史を通じてそれらを継承してきた。年中行事の学習は，そうした天地自然と連動する人々の生活のありさまと，そのなかで育まれ受け継がれて来た人々の思いに児童の目を向けさせる絶好の教材となり得る。

　年中行事とは，1年ごとに，同じ日もしくは，暦によって決められた日に繰り返される一連の行事をいう。多くは儀礼や式典を伴う。元来律令制下の朝廷由来の言葉で，その初見は『年中行事秘抄』885（仁和元）年の条に，時の太政大臣藤原基経が献上した「年中行事障子」である。それは，禁裏で年中に執行する恒例・臨時の大小の行事の日時と行事名を年頭から順番に列記し，最後に月中の行事を加えた絹地墨書の衝立障子のことで，清涼殿に参殿してきた諸臣に行事の日程を告知し，準備を整えさせる役割を果たした。

　暦が日本に入ったのは602（推古天皇10）年のことで，暦を定めて行われる行事はこれ以降である。以降，律令体制が整備されていくなかで，宮廷年中行事は，中国の隋や唐の皇帝儀礼を模範としながら，我が国の仏教行事，神社の祭礼，そして民間の行事を取り入れ，それらを陰陽道における暦の知識に

よって体系付けながら平安時代頃までには成立を見た。

　年中行事は個人的に行われるものではなく，地域・階層・職種などによる特定の集団において，慣行習俗として共通的に伝承されるものである。我々の生活は，決して一本調子の単純な時間経過をたどるものではない。日々繰り返される日常生活のほかに，特別の催しや行事などの，非日常的な生活を送るときがある。民間では暦が確立される以前から，月の満ち欠け，季節の移ろい，作物の生育に合わせて行事や儀礼が展開されてきた。たとえば，月齢の朔日（ついたち）と望日（ぼうじつ）に当たる１日，15日を「もの日（モンピ）」として休みとする風習は，神迎えの「物忌みの日」からきている。日常の労働を休まなければならない日であった。また中間の８日，23日に祭り夜行が集中するのも，月の満ち欠けを規準としていると考えられる。

　日常生活をケ（褻）と呼ぶのに対して，これらの非日常的な生活状態をハレ（晴）と称する。年間を通した人々の生活は，こうしたケとハレの生活の交互組成によって，緊張感に満ちた営みが続けられる。年中行事は，このハレの生活の主要な構成要素をなす。年中行事を行う平常ではないハレの日の総称として，民俗用語では，トキオリ（時折）・オリメ（折り目）・フシ（節）などと呼ぶ。そのなかで，「節」がもっとも原態に近いのではないかと柳田國男は推論している。竹の節のように，こうしたふだんと違った日時を設けることにより，年間の単調な生活過程の流れに，ある種のリズム感が醸される。

　神祭りの日には，神饌（しんせん）を供え，それを人々が共食することが重要なことであった。「節供」というのは，「節」の日に供する食物の意であったが，後に食物を供する神祭りの日そのものを指すようになった。

　年中行事は年間の折り目にあたって神を迎えて祭ることであり，その根本原理は「繰り返し」にあると，折口信夫は主張する。つまり年中行事は周期伝承であり，年ごとの折り目折り目に神を迎え，供物を捧げ，神人共食を行い，折々に願い事をし，あるいは願い事の成就を感謝し，そして最後には一定の方法で神送りをするといった形式が認められるのである。

　以下に見るように，暦に定められた年中行事は，その多くが農耕儀礼と祖霊祭祀が姿を変えて定着したものと捉えることができる。指導の際には，児童が経験している年中行事の意味を考えさせ，こうした農耕に関する人々の

取り組みのあり方と，自然の力に依存せざるを得ないがゆえにこそ，ひた向きな祈りを捧げてきた先人たちの念いに想像力を及ばせるようにしたいものである。この学習は，5年生の社会科で学ぶことになる国土のようすと第1次産業の問題と，緊密に連動していくことになるだろう。

（2）年中行事の起源

　すべての年中行事と呼ばれているものは，何らかの形で暦にしたがって行われている。しかし本来的には，年中行事の時期は，暦の知識とは関わりなく，むしろ生産の経過に基づいて，また各地域の環境風土に基づいて定められてきたものも多い。このような天然自然の運行に，生産活動の規準を求めることは，現在でも広く全国各地にさまざまな形で伝承されている。

　我が国は温帯に位置し，近年の温暖化の影響で狂いが生じているとはいえ，季節風や台風が定期的に吹き，四季の訪れも比較的明瞭である。さらに昼夜の交替や月の満ち欠け，動植物の移り変わりなどの体験や観察に，狩猟・漁撈が中心の縄文時代以前から，1年の運行，月日の経過を測り知る自然暦は存在したと考えられるだろう。そして数々の考古学的遺跡や遺物の類いから，そうした自然暦に対応する行事も営まれたと考えられる。

　しかし，その起源はやはり農耕生活を始めた時代に求められよう。我が国の農耕は，弥生時代（正確には縄文後期）以降，全国大多数の地域で稲作を主たる生業の基本としてきた。民間年中行事は，現代に至るまでこの農耕儀礼，とくに稲作の農耕儀礼によって構成されている。稲作の各段階に応じた信仰儀礼が年中行事の中心的体系を形作ってきていると言ってよい。稲を育てることがそのまま神事であり，稲の生育段階にしたがって，その折々に神を迎えて秋の稔りを約束してもらい，収穫の感謝を捧げてきた。こういった過程のなかで稲作以前の信仰伝承を同化し，また仏教や道教などの外来信仰を吸収して，年中行事としての体系をつくり上げてきたのである。

　我が国の正月は各戸に年神を迎えて，作物の豊作の予祝をするのが起源であると考えられる。小正月のもの作りや餅花が好例である。門松，あるいはその相当物は，年神を招くための指標，または依代である。春の行事の多くは田の神迎えに解釈される。夏には八朔の行事を「頼みの節供」として初

穂儀礼とする。秋祭りの多く，浄土宗のお十夜，日蓮宗のお会式，浄土真宗の報恩講などの仏教行事にも収穫祭の性格があることに着目すべきである。

　農耕儀礼には稲作だけでなく畑作や稲作以前の主食だったと考えられる芋の収穫祭の名残があるとされる。七夕に麦饅頭を食べたり，盆に青物を飾る，あるいは小麦で作る素麺を飾りに用いるのは畑作の収穫祭の一面があるからと考えられる。十五夜の月見が典型例で，ここでは芋名月といって里芋を供える地域も少なくない。

　民間年中行事を支えるもう1つの要素は祖霊祭祀である。祖霊は正月と盆のたびに，この世へ還って来てはまたあの世へと去って行くことを繰り返すとされる。盆と正月はともに，もともと年2回祖霊を迎える行事だったが，正月は年神を迎えるおめでたい行事に，盆は死者を迎える行事にと，仏教の影響もあって分化したと考えられる。民間の年中行事は，こうした盆と正月と同様に，同じことを2回繰り返して1年を2分する構造をもっていた。

　年中行事は宮廷と民間年中行事の両方が混淆して現在に至る形をつくってきた。宮廷年中行事は部分的に民間の行事を採取しながら宮中で成立したが，それが民間に再帰してやがて生活に定着してゆくのは，もともと民間に宮廷年中行事と同じ時期に行われる農耕儀礼が存在したからだと考えられる。

(3) 年中行事と暦

　周期伝承としての年中行事は，人々が時間の経過と季節の移り変わりを認識し，日常の生産活動の順調な展開を図るうえで必要な行事伝承であるといえる。そのため，年中行事を取りあげる場合には，「暦・暦法」について考えなければならない。

　現在の私たちの生活は，太陽暦（いわゆる新暦）にしたがっているが，年中行事の多くは太陰太陽暦（いわゆる旧暦）に合わせて設定されていることが多い。歴史的に見れば，もっとも古い暦は太陰暦であったと考えられている。太陰暦は，月が地球の周りを1周する時間を1カ月とする暦である。太陰暦においては，新月から次の新月の前日までが1カ月となる。新月の対極にある満月の日は十五夜といい，15日頃を指すというように，月の満ち欠けで大まかな日付を知ることができる。月はおよそ29日半で地球を1周するので，太陰

暦を採用した場合，1カ月が30日の大の月と，29日の小の月で12カ月を分けることになる。ところが，これでは現在の太陽暦の1年と比べると，1年の日数が11日ずつ短くなるため，毎年少しずつ暦の日付と季節がずれてしまうことになる。このずれを放置すると，夏に正月が来るというおかしな事態が生じるわけである。

　この難点を補正して，暦の日付と季節を合わせるために考え出されたのが，現在いわれている旧暦，「太陰太陽暦」である。日本では7世紀頃から採用されて，明治時代の1872年まで使われていた。太陰太陽暦では，何年かに1度，閏月を設け，その年は1年を13カ月としていた。四季のある日本では，およそ19年に7回，閏月を入れることで，暦の日付と季節のずれを調整していたのである。

　こうした旧暦を用いることで，季節との大きなずれはなくなったが，少しのずれは避けられなかった。そこで，日本では1873年以来，現在使っているような新暦が採用されたのである。新暦は「グレゴリオ暦（太陽暦）」という世界共通の暦で，地球が太陽の周りを1周する時間を1年と定めている。太陽の動きをもとにしているため，暦の日付と季節がずれることはない。この切り換えは，1872年の旧暦12月3日を，1873年の新暦1月1日とすることによって行われた。旧暦と新暦の間には約1カ月の差があったので，年中行事もそれぞれの日付や時期を再考する必要に迫られ，結果としておおむね次の3つのパターンに大別される。

　第1に，旧暦の日付から，新暦へと移行した行事である。ひな祭りは旧暦の3月3日，端午の節供は5月5日，七夕は7月7日とされていたが，それぞれ同じ日付に移された。これによって，ひな祭りは現在の新暦3月だが本来の旧暦では2月，端午の節供は新暦5月＝旧暦4月，七夕は新暦7月＝旧暦6月に執り行われることになった。

　ここで問題になるのが季節感の混乱である。ひな祭りに付きものの桃の開花期は平均的に関西で3月中旬，関東では4月に当たる。ところが新暦は旧暦よりも約1カ月早まるので，新暦のひな祭りには桃の花が間に合わないということになる。現在ひな祭りの時期に販売されている桃の花は，温室栽培で開花を早めたものである。端午の節供もまた然りで，柏餅を作るときに必

要な柏の新葉が顔を覗かせるのは新暦4月の下旬頃で，5月5日には餅を包むほどの大きさには成長していない。そのため，新暦に移したことによって，もともと柏の葉のない季節に端午の節供を行わざるを得なくなったのである。近畿以西ではもともと柏は自生しないため，サルトリイバラの葉で包んだちまきを食べるのが主流だから問題はないが，関東で柏餅を作る際には，真空パックか乾燥保存か，さもなければ中国産の柏葉を使う以外に方途がないのが現状らしい。七夕も我が国では星祭りだけでなく，お盆と関係の深い行事であったが，新暦で1カ月早まることに加え，旧暦の7月13〜16日の間に行われていたお盆が月遅れの新暦8月13〜16日に移行したため，両者の間に1カ月の差が生じ，本来の意味が薄らいでしまっている。

　旧暦から新暦に日付を変えた場合に生じる季節感の混乱から免れているのが，「月遅れ」のパターンである。月遅れは1カ月日付を遅らせるため，行事を執り行う時期が旧暦に近くなるので，季節感が損なわれることがない。前述のお盆はその好例だし，ひな祭りも東北・中部・北陸などの農村部では月遅れの4月3日（旧暦3月3日）に実施するところも少なくない。

　3番目は旧暦のまま執り行う形を残したパターンである。これはその行事が天体の運行そのものに即して行われる十五夜の月見などに適用される。十五夜では中秋の名月が見られなければ意味がない。旧暦は月の運行に合わせて定められているから，8月15日に十五夜を固定することができたが，新暦では9月の中旬から下旬頃というように，満月の日付をいくらか幅のある期間中においておかなければならないのである。こうした多少の曖昧さを残したとしても，本来我が国の年中行事が旧暦に合わせてその意義を定められたという事情を何よりも優先し，ほぼすべての行事を旧暦のままで行う鹿児島県や沖縄県といった地方も存在している。

（4）年中行事の学習のために

　4年生の社会科は，後続する5・6年生の社会科の基盤であることが求められる。すなわち，1・2年生の生活科に続く3年生の社会科を受け，身の回りの社会的事象へのさらなる観察眼を育てるとともに，地理的環境と産業との相関関係，歴史的事象と現在の自分たちの生活のつながりに対する社会科学

的なセンスの基礎を一層涵養することである。

　年中行事に関しても，単に居住地域だけの問題ではなく，6年生で学ぶことになる国際社会との関係とつなげられるものを取りあげてみてもよいだろう。むしろ現代の児童を取り巻く環境においては，その功罪はともかくとして伝統的な第1次産業に根差した祭礼行事よりも，都市型生活を中心として，クリスマスやバレンタイン・デー，そして近年はハロウィーンなどヨーロッパ伝来の行事のほうが親しまれているかもしれない。そうした近年に渡来したヨーロッパ起源の行事の多くにも，キリスト教化される以前の農耕儀礼の性格が残っていることに着目することで，有効な教材化が可能となるだろう。

　地域の一員としての自覚と誇りは，「参画」により生じる。そのため，行事のなかでも，自分たちが中心となって，あるいはそこまででなくともその一翼を担うものを取りあげることが望ましい。傍観的な立場からは一員としてのアイデンティティーの目覚めなど，期待できるものではない。

　参画することには，それによって新たに創り直す，という意義も認められる。祭礼行事を単に学習資源としてのみ見るのではなく，子どもたち自らが関わることによって，学習資源を生み出すことができるのである。年中行事を遺物として扱うのは正しくない。近代化された社会ではかつての日本のように気候風土の特質にしたがって生活しなければならないという必然性はかなり軽減されている。だが，かつての年中行事も歴史上のある時期に創始され，そして時代の流れとともに，程度の差こそあれ幾度かの変遷を被ってきていることも忘れてはならない。つくられ続け，使われ続ける限りにおいて，事物は生きている。それらに携わる生身の人間の意向が反映されるからである。

　日本の年中行事は，農耕など，生産周期に則って行われるので，季節の巡り合わせに即した生活のリズムを知ることができる。天文，気象，気候などとの関わりにおいて生活が成り立っていること，生活文化が形成されていることを学べる重要な教材である。5年生の学習の礎としたいところであるし，同様に6年生の世界の学習にも，クリスマスやハロウィーンなどを窓口として取り組んでみるのもよい。

　生活が家庭単位になっていることも年中行事の学習を困難にしている一因

である。現在都市部を中心として多くの地域では，各家庭の判断でやるかやらないか，参加するかしないかが決定されているが，本来それは地域社会（生活資源を共有する単位）の問題であり，家庭や個人で参加の可否が左右されるものではなかった。年中行事に対する生活実感の欠如，そして学校教育における学びにくさの原因はここにある。今日の年中行事の学習は，すでに半ば歴史的事象へと後退した形式を知識として授受するしかなくなってきている。

(5) 子ども参加の年中行事：その一例

全国の年中行事の中には，子どもたち自身がその運営を担っているものも少なくない。そもそも日本には農村地帯を中心として伝統的に「子ども組」という組織があった。子どもたちの自治的な運営に任されていたが，その重要な役割の一つが「サイノカミ祭」などの執行であった。

山形県最上郡では，現在でも「山の神勧進」という祭りが営まれている。2005（平成17）年には，文化庁の「記録作成等の措置を講ずべき無形の民俗文化財」に指定されているものである。祭りの主体は子どもたちであり，大人は一切口を出してはならないことになっている。金山町山崎地区を例にとると，参加者は6歳から15歳までの男子で，その最年長者を「一番大将」と呼ぶ。以下補佐役として二番大将，三番大将がつく。子ども集団における年功序列制である。各戸から奉納された米や賽銭は，一番大将が差配をして子どもたちに分配する。役割の配当も祝儀の分配も，年相応に行われる。

4月1日の午前零時，一番大将が杉の樹皮製の蓑をまとい，二番・三番大将を従えて山の神を迎えに中山に登る。山中の愛宕神社の祠には，大小の素朴な木製の神体がたくさんある。これは里に男の子が生まれると1体ずつ奉納されるもので，背にその子の氏名が記されている。一番奥に祭られているのが山の神で，この御神体を少年が背負った箱に収めて山を下る。御神体は石製で20キログラムはあるというから，かなりの重労働である。同時に周囲に散在している木製の御神体も，祭りに参加する子どもの数だけ袋に詰めて持ち帰る。一番大将の家が山の神の宿と定められ，床の間に神座を設けてお供え物をする。翌2日の朝，子どもたち一同が集まってお祭りをしたあと，再び御神体を背負って村内の一軒一軒を回り，豊作を祈願する。山神の訪れを

受けた家々では，米や賽銭，菓子などを寄進する。その際，周りの子どもたちは持ち帰った木の御神体に藁縄を結びつけ，「山の神の勧進，勧進。三升五合計れっちょ，計れっちょ」と掛け声をかけながら，各戸の土間や玄関先に打ち付ける。「床が傷つくからお手柔らかに」と家人が言おうものなら，わざと乱暴に放り投げたりすることもあったようだが，「神様だから，仕方がない」とかつては大らかに許されたらしい。

　一番大将の家に戻った山神様には，上新粉と砂糖を水で溶いたものを，御神体の口元に付けるようにして食べさせる。夜になると，御神体の前の蠟燭に灯をともし，近隣の大人たちのお参りを受ける。そしてその日の深夜，再び御神体を背負った少年が山を登り，御神体をお納めするのである。各戸から奉納された米や賽銭は，一番大将が差配をして子どもたちに分配する。

　これは山の神は春になると山を下りて田の神になるという日本全国で見られる民間信仰の一例である。我が国の稲作には清冽で豊かな水の恵みが不可欠であり，米どころの北国ではとくに春先に山々からあふれ出す雪解け水によるところが大きい。山の神が田の神になるとは，おそらくこうした我が国の自然環境とそれに依拠している農耕生活の関わりが色濃く反映している。

　この祭りは，鮭川村京塚地区を始め，最上郡内のほかの地域にも数カ所みられるが，年々少子化と過疎化の影響で，祭りの形が本来のものとは変容せざるを得ないようになっているようである。かつては多いときで30人を超える規模であった一行が，最近では年によって2，3人程度にとどまったり，数合わせのために1歳にも満たない乳児を無理矢理参加させることもあるという。また，前述のように子どもたちだけの自治的な組織体で営まれるのが本来だが，近年では安全などの問題があり，大人の付き添いが必須となっている。前述のように年中行事が人間生活のあり方に根を下ろしている以上，支持母体となる農村生活自体の変化，子どもたちの生活環境の変化にともなう祭りの変化もまた，不可避なのである。それでも複数の地区で合同開催したり，男児の代わりに長年ご法度だった女児の参加を許したり，敬老会の主体で実施する地区もあるらしい。行事の本質を残しつつ，時代の趨勢に合わせることによって，行事自体の消滅を何とか回避しているのが現状である。

1　本章第2節における生活用具の分類A〜Dと，継承区分①〜④を組み
　合わせて一覧表を作成し，空欄に具体的な生活用具の事例を記入しよう。
　　また，発展学習として，可能ならば異なる世代の人，異なる地域の人
　にも同じ作業をしてもらい，互いにその成果を比較しよう。
2　身近にある生活用具のどれか1つ，またはそれ以上を選んで，その古
　い形を調べて現状と比較し，どのような改良原理に基づいて変化してき
　たのかを考えよう。
3　自分の居住地域，またはその近隣に伝承されている年中行事（とくに子
　どもが参加する）の起源，現状，意味を調べ，教材としてどのように利用
　可能かを検討しよう。その場合，5年生で行われる産業の学習や，6年生
　の歴史学習とのつながりも考慮しよう。

より深く学習するための参考文献
・折口信夫『折口信夫全集　第十五巻　民俗學篇1』折口博士記念古代研究所編纂，中央公論
　社，1954年
・菊池和博『やまがた民俗文化伝承誌』東北出版企画，2009年
・久保田裕道・宇野幸・橋本裕之（監修）『心をそだてる　子ども歳時記12か月』講談社，2005年
・田沼武能『子どもたちの歳時記』筑摩書房，1985年
・芳賀日出男『日本の民俗［上］　祭りと芸能』クレオ，1997年
・芳賀日出男『日本の民俗［下］　暮らしと生業』クレオ，1997年
・古島敏雄『台所用具の近代史——生産から消費生活をみる生活と技術の日本近代史』有斐閣，
　1996年
・星野紘，峯岸創『民俗芸能で広がる子どもの世界——学校における体験活動の学習素材として
　取り入れるために』全日本郷土芸能協会，2003年
・柳田國男『柳田國男全集　16』筑摩文庫，1990年
・柳田國男『柳田國男全集　23』筑摩文庫，1990年
・柳田國男『柳田國男全集　26』筑摩文庫，1990年
・山崎正勝『ふるさとの子ども祭り——カラフルな可愛い子どもたちが主役のふるさとの祭りを
　撮る』日本カメラ社，2000年

第7章

地域の開発と先人の努力・工夫

　3・4年の地域学習は，地域の人々の生活について，市の様子の移り変わり人々の願い，地域の人々の生活の向上に尽くした先人の働きや苦心を見学・調査したり，年表にまとめたりして，考えるようにすることである。

　おもな事例では，平成27年版の教育出版の教科書では神奈川県横浜市の吉田新田や長野県茅野市の滝之湯用水，東京都では，玉川上水を取り扱っている（なお，現行版である平成31年版では，埼玉県さいたま市の見沼新田を開いた井沢弥惣兵衛の働きや神奈川県藤沢市で学校を開いた小笠原東陽，沖縄の文化を伝えた伊波普猷が扱われている）。

　本章では，吉田新田を中心とする事例と玉川上水をもとに，地域の人々の願いや生活の向上に尽くした先人の働きや苦心を学ばせる。

キーワード

　吉田新田　吉田勘兵衛　玉川上水　玉川庄右衛門　清右衛門
　木樋　武蔵野の新田開発

　この単元では，開発された地域の当時のようすや学習する地域の人々の生活，人々の願いを理解することが重要なポイントとなる。この点をしっかり押さえないと，理解が不十分となる。

1 新田開発

(1) 学習内容と観察・調査・見学および資料活用の概説

　この学習のきっかけは，この地域に昔から伝わる日枝神社（ひ　え　じんじゃ）のお祭りである。

　横浜市南区にある日枝神社は，吉田新田（横浜関外地区40余カ町）の総鎮守で，秋祭りは，「かながわのまつり50選」にも選ばれ，横浜市内屈指の規模を誇る。1673（寛文13）年9月10日，吉田新田の開発者・吉田勘兵衛良信（よし　だ　かん　べ　え　よしのぶ）が，江戸山王（え　ど　さんのう）権現（ごんげん）の分霊を勧進して創建し，境内には，本殿・神楽殿・堰神社（せき）（もともとは，新田の用水取り入れ口にあった）などがある。このお祭りの行列の回る地域が，吉田新田として開発されたエリアなのである。

【吉田新田を教材として取り扱うポイント】

　吉田新田は，現在都市化され，新田開発の形跡は見つけにくい。しかし，先人の願いと努力の結果，開発に成功し，この地を中心に埋め立てが広がり，海沿いは港となり，のちにペリー来航につながる起点となったことから，教材として取りあげるには，適切であると考える。そこで以下の点に配慮して学習を進めるようにした。

　　①吉田新田という地名は，現在横浜関外地区という地名に変更されている。

　　②埋め立ては新田開発が目的であり，米などの収穫も増えたが，現在は住宅地が中心で，田畑は残っていない現状である。

　　③児童が，昔，吉田新田であったことを理解させるポイントを押さえる。

　　　・日枝神社の由来と，お祭りの歴史と神輿の行程が，吉田新田の創設にちなんでつくられたことと，伊勢佐木町まで練り歩くという祭りのやり方から理解させる。

　　　・吉田新田の周りは，古くからの道であり，区画整理もできていない。しかし，埋め立てられた吉田新田の中は，区画整理ができ，碁盤の目のような道路が見られる。

　　このことを理解させるために，ほかの新田開発などの埋め立て地の航空写真を活用し，児童に理解させる。

【吉田新田があったことを理解させるポイント】

　横浜市中区にある横浜開港資料館に，2枚の吉田新田古絵図がある。古いほうが，1667（寛文7）年以前，新しいほうが，それ以降の絵図である。この章の導入では，地形が変化したことを，この昔から伝わる2枚の絵図と現在の航空写真から読み取らせようとしている。

（横浜開港資料館　横浜市中区日本大通3　℡045-201-2100
【交通アクセス】みなとみらい線：「日本大通り駅」下車:徒歩2分）

【埋め立て前の絵図から読み取れること】
　この絵図の右上に，「新田開発以前入海之形図面吉田勘兵衛（しんでんかいはつ い ぜんいりうみ の けいずめんよしだかんべ え）」という文言が記されており，吉田新田開発以前の入海の状況を示す貴重な絵図である。後に吉田新田となる中央の「入海（いりうみ）」は，横浜村の砂州によって「大海（たいかい）」東京湾と仕切られている。絵図をさらに細かく読み解いていくと次のことがわかる。

- ・吉田新田は，現在と違って，海であった（入海と書かれ，遠浅の海だったことがうかがえる）。
- ・海岸沿いに，横浜村など集落が点在している。
- ・入海には，小さな船が点在し，魚を捕って生活していたようすがうかがえる。

◎絵図「吉田新田開墾前図（よし だ しんでんかいこんぜん ず）」

- ・入海の周辺に点在する村に，数軒ずつ家があることに気づく。
- ・村の名前としては，野毛村・下太田村・太田村・上太田村・蒔田村・横浜村，町として神奈川町が記されている。
- ・横浜村側の砂州の先端に，「宗閑嶋（しゅうかんじま）」という地名がある。近くに，砂利取場があったと記されている。

【埋め立て後の絵図から読み取れること】
　次に，絵図「吉田新田開墾図」(1670・71年以前に作成)という資料があり，そこには埋立地に区切られた通路や水路が直交するように走っている。

- ・大岡川が，2つに分かれている（大岡川・中村川）。
- ・埋め立てされた土地が，石垣で囲まれている（堤防のような）。
- ・埋め立てされた土地が，直角に仕切られている（道路や水路）。
- ・沼地となっている北一つ目には，普請小屋（ふしんごや）が見られる。
- ・仕切りは，中川を境に，北と南に分かれ，7つに区切られている。

・大海との間の堤は，潮除堤(しおよけづつみ)と記されている。

　こうした古い絵図を児童に読み解かせた後に現代の吉田新田の場所である伊勢佐木町界隈を真上から写した航空写真を読み取らせる学習に入るとよい。

　航空写真から読み取れる点として，

　　・横浜市を流れる大岡川が，堰神社のあるところから分かれている。

　　・水田のようすは，残っていない。住宅が多い。

ということがすぐにわかってくる。

(2) 学習の計画

　ここで，この単元の学習の流れ（調べていくこと）をつかんでおこう。

　　○埋め立て前の人々の暮らし，人々の願い

　　○埋め立て工事のようす

　　○勘兵衛の工夫と努力

　　○工事に使った道具・参加した人

　　○工事にかかった時間

　　○埋め立てた広さ

　　○埋め立てに使った土や砂

　　○田畑が開かれた後の人々の暮らし

　これらの学習の流れを教師があらかじめつかんだ後に，大別して次の2点から，追究させていくことが大事である。

　　・横浜村や近隣の村の人々の願い……江戸時代，海で魚を捕ったり，塩を作ったり，わずかな土地を耕して田畑の仕事をしていた。このことから，少しでも平地を増やして，田畑を広げ，米を多く作りたいとの願いがあった。

　　・横浜村や近隣の村の地形……江戸時代は，つりがね形の遠浅の海。現在は，大岡川と中村川にはさまれたつりがね形の平地となっている（道路が区画整理のために直角に交わり，埋め立てたことが理解できる）。

(3) 吉田新田を調べる

　まず，最初に地図を使って調べることをあげたい。地図からは，

108

・大岡川と中村川にはさまれた土地（つりがね形の地形）。

・埋め立て前と埋め立て後の地図を見て，昔は海だったことに気づく。

の2点がすぐに読み取れる。

次に，この土地を誰がどうやって埋め立てたのか？　が問いとして浮かび上がるだろう。

この疑問に対しては，地域の人々の願いを具体的に解決しようとする先人がいたことで，地域開発が実現する。横浜新田の場合は，吉田勘兵衛の存在が大きいことが判明する。

では，吉田勘兵衛とは，どのような人物なのか？

吉田勘兵衛とは，江戸時代の商人である。本材木町に住んでおり，江戸を中心に商売を行い，おもに石や木材を扱っていた。吉田という苗字は，新田開発の後につけられた。

吉田新田を開発するきっかけは何だったのだろう。次の逸話が残っている。

　　ある日，吉田勘兵衛が船で横浜沖を通ったとき，つりがね形の遠浅の海を見て，ここを埋め立てて新田開発を行おう，そして米の収穫を増やそうと考えた。この考えを，埋め立ての方法と一緒に入海周辺の村民に何度も説明し，理解を得て，横浜村などの地域の人々の願いと一致し，共同で開発事業を進めることにした。そのために，村を治める役人に新田をつくるゆるしをお願いし，工事が始まったという。

ところで，吉田新田は，どのくらいの広さがあるのだろうか。

吉田新田は，大岡川と中村川，ＪＲ京浜東北線に囲まれた釣鐘の形をした土地で，今は横浜市の中区と南区に含まれている。広さは，約35万坪（115万5000平方メートル）になる。このうち，5分の4が田んぼで，残りの5分の1が畑や屋敷になっていた。横浜スタジアムが，44個入る広さだ。児童はその広さに驚くに違いない。

教材研究として教師は，吉田新田がどのようにして作られたのかについて知っておく必要がある。

教科書には吉田新田堤工程作業想像図が掲載されているので，丁寧に見て

おくことが大切である。

①つりがねの形のてっぺん（大岡川の水が，直接あたる場所）に，丈夫な堤を
作る。

②堤を両岸にそってのばしていく。

③つりがねの平らな場所にも，堤を作る。

の順番で土地を埋め立てていったのである。

堤の形や大きさは，どのようだったろう。これらを知るには，博物館に展
示してある吉田新田開墾図や大岡川・中村川の堤，潮除堤を解説した模型な
どを手がかりにするとよい。

図表7-1　堤の大きさや形

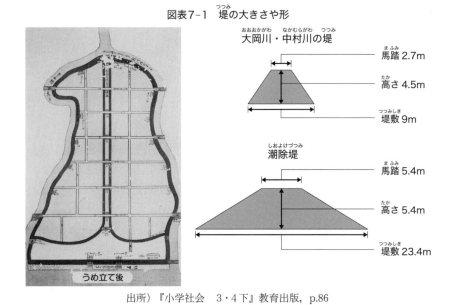

出所）『小学社会　3・4下』教育出版, p.86

・大岡川の堤……3191メートル　　・中村川の堤……2433メートル

・潮除堤の長さ……1859メートル

・この堤を作るのに必要な土や砂の量を計算すると，17万4527立方メー
トル，横浜スタジアムを入れ物にすると，5.7杯分になる。

堤を作るのに，どのくらいかかったのか。工事に使った道具は，どのよう

なものだろう。

【吉田新田ができるまでの年表】

    1656（明暦2）年　幕府から，新田開発の許しをもらって，工事を始める

    1657（明暦3）年　大雨のため，潮除堤が壊れ，工事が失敗する

    1659（万治2）年　再び新田開発の許しをもらい，工事を再開する

    1667（寛文7）年　工事が終わり，新田が完成する

    1669（寛文9）年　江戸の将軍から，「吉田新田」の名前をもらう

    1673（寛文13）年　勘兵衛が，日枝神社を建てる

　新田開発の許しを受けてから，完成するまでに，11年の歳月がかかっている。その間，大雨のために堤が壊れ，工事が失敗したときもあった。しかし，吉田勘兵衛は，くじけず，砂村新左衛門や友野与右衛門の協力で，新田開発を完成させた。

　砂村新左衛門は江戸時代前期の農民，土木技術者，数多くの新田開発を主導したことで知られる。とくに，横須賀市の内川新田の開発，江東区の砂村新田が有名である。

　横浜市歴史博物館には，堤を作っているようすを想像した模型が展示されており，穴を掘り出すようすや土を運ぶ道具や工法が詳しく解説されている。このような土地の開拓や開発に関係する展示がどの地域にもあるので，社会科の教材開発としてしっかりと研究しておく必要がある。

図表7-2　もっこを担ぐ人

　土や砂は，「もっこ」と呼ばれる袋を天秤棒で2人で肩に担いで運ぶのが一般的であるが，土や砂や石は，どこから運んできたのだろうか。また，工事に参加した人は，どのような人だろうという問いが引き出される。詳しい資

料によれば，大量の土や砂が必要なので，太田村の天神山や石川中村の大丸山の崖を切り崩したり，横浜村の宗閑嶋の野原を掘ったりして，運んだと考えられている。また，大岡川や中村川を利用して船で土や砂を運んだとも考えられる。潮除堤の石垣に使った石は，現在の千葉県南部にあたる安房や伊豆半島から運ばれたようである。さらに，新田開発の埋め立て工事は，海の潮の満ち引きがあったり，嵐があったりするので，できるだけ短時間で完成させなければならない。そのために，この入海周辺の村人が田畑の仕事の合間をぬって大勢参加し，完成させたという。

　ここで吉田新田のようすについて整理しておこう。

・完成した土地の広さ……約1万1543アール（水田：約9332アール，畑地：約2013アール，宅地：約198アール）

・かかった費用……8038両

・完成後の米の取れ高……1038石

【吉田新田でとれるようになった米の石高】

村　名	（横浜村）	（中村）	（堀ノ内村）
完成前	126石	292石	67石
完成後	249石	411石	105石

米の取れ高を見る限り，2倍近く完成後に増加している。

　こうした新田開発の成功の陰には吉田新田に移り住んだ人がいたことがある。

　移り住んだ人たちは，新田の開発が落ち着いた1670（寛文10）年から，1683（天和3）年の間に，16人いたそうである。この人たちは，太田村や石川中村の人たちが多かったようだ。その後，1700（元禄13）年には，吉田新田に住んでいる81人と，まわりの村に住んでいる198人が，吉田新田の田畑を耕していることがわかっている。

　次に，横浜港開港後の吉田新田について考えてみたい。

　1859（安政6）年に横浜港が開港した。このころの絵図を見ると，埋め立てがさらに広がり，吉田新田のひとつ目にあった沼地や潮除堤の下（東）側も全部埋め立てられている。これらは，横浜新田と呼ばれている。

　横浜新田については，横浜市歴史博物館に詳しく展示されている。本章で

紹介している資料も，この資料館に展示されているものである。ぜひ機会があれば，参観されることをおすすめしたい。

（横浜市歴史博物館　横浜市都筑区中川中央1-18-1　℡045-912-7777）
【交通アクセス】横浜市営地下鉄：「センター北駅」下車：徒歩5分

2　玉川上水（東京都羽村市〜四谷大木戸）

（1）学習の導入

　東京都千代田区の各小学校には，「木樋」という木製の四角い管の一部が保管されている。この管は，小さいもので20センチメートル四方，大きいものでは1メートル四方の大きさがある。そして，これは千代田区各地の地中に埋まっていたもので，この管が発見されたのは，地下鉄工事の際に出土したことがきっかけだった。この「木樋」は，江戸時代につくられた玉川上水の四谷大木戸から江戸中に張り巡らされ，地下に埋め立てられた水道管であった。

　汐留地区の高層ビルの工事現場で，この木樋が張りめぐらされた下町の上水道施設が発掘されている。大規模なエリアに施されたこれらの施設は，当時100万都市に成長した江戸の町の生活を想像させるインフラの一つである。

　川から引いてきた飲み水を流す木樋とはどういったものであろうか。

　樋は，日本では古代から存在していた。本格的に使用されるようになったのは，中世に入ってからである。この頃には，中身をくりぬいた木の幹をそのまま使ったり，丈夫な板を組み立てて作成したりした。樋はおもに，木樋や粘土や漆喰で固めた土樋・瓦樋などが用いられた。

　江戸時代には，複数の扉をもうけた木樋や石樋・竹樋も用いられるようになった。樋は，自然の流水では導入できない用水・水道に水を導入するために欠かせないものだったのだ。

【玉川上水を教材として取り扱うポイント】

　玉川上水を取り扱うポイントとして，以下のような点があげられる。

　　①玉川上水は，今でも羽村の取水口から四谷の大木戸まで流れているので，実際に見学することができる。

　　②江戸時代の初めは，神田上水が人々の飲料水だった。しかし，急激に

人口が増加した江戸では，神田上水だけでは足りず，新たな上水が求められていた。この人々の願いを実現しようとしたのが，玉川庄右衛門・清右衛門兄弟であった。羽村の取水口には，玉川庄右衛門・清右衛門兄弟の像があり，学習への関心・意欲を高めることにつながる。

③羽村から四谷までの工事のようすや道具，人々の努力・苦心について，羽村市の郷土資料館・東京都水道歴史館などに資料があり，それを活用して児童が調べやすい。

④玉川上水は，江戸市民の飲み水として活用されただけでなく，埼玉や武蔵野の新田開発にも貢献し，実際に残っている用水もある（野火止分水・小金井分水・田無分水など）。

(2) 学習の計画

ここで，この単元の学習の流れ（調べていくこと）をつかんでおこう。

　○玉川上水ができる前の人々の暮らし，人々の願い

　○玉川上水の水路を作る工事のようす

　○庄右衛門・清右衛門の工事に対する工夫と努力

　○工事に使った道具・参加した人

　○玉川上水の分水

　○武蔵野の新田開発

1) 玉川上水ができる前の人々の暮らし，人々の願い

徳川家康が，江戸に入府するとき，家臣の大久保藤五郎に水道の見立てを命じ，藤五郎は小石川に水源を求め，神田方面に通水する「小石川上水」を作り上げたと伝えられている。江戸時代が始まってから，人口も少しずつ増え，飲み水も井之頭池や善福寺池などから湧水を引き，「神田上水」を完成させた（1629（寛永6）年ごろ）。

しかし，だんだんに大名や家族・家臣，農民や商人が多く江戸に移ってくると，飲み水が足りなくなった。

人々は，新しい上水の設立を強く望むようになったのである。

江戸の人口の変化を教科書に掲載されているグラフをみて考えさせてみよ

う。幕府が開かれた1600年頃は，わずか15万人ほどであった江戸の町は，1720年頃には105万人にまで増加している。世界でも最大級の人口密集都市の一つに江戸は成長していたことがわかる。

　ところで，当初，江戸の町の人口を支えた上水道は神田上水であった。

　神田上水は，江戸時代，江戸に設けられた上水道で，日本の都市水道における先駆けである。江戸の六上水の1つであり，古くは玉川上水とともに，二大上水とされた。神田上水は，1590（天正18）年に徳川家康の命を受けた大久保藤五郎によって開かれた。しかし，藤五郎が最初に見立てた上水は小石川上水で，この上水道がその後発展・拡張したのが，神田上水といわれている。藤五郎は，この功により，家康より「主水」の名を賜った。主水の名については，家康から水が濁ってはならないから，「モンド」ではなく「モント」と唱えるよう命じられた。

　この上水についてさらに詳しく述べると，神田上水は，井の頭池（三鷹市井の頭恩賜公園内）を発する上水である。全長は，約63キロメートル。いつごろから井之頭池を水源とするようになったかは定かでないが，慶長年間以降と推定される。井之頭池を見立てたのは，大久保藤五郎と内田六次郎の2人が挙げられる。内田家は，1770（明和6）年まで，神田上水の水元役を務めている。井之頭池は，かつては狛江と呼ばれ，湧水口が7カ所あったことから「七井の池」とも呼ばれていた。井之頭と命名したのは，三代将軍家光との説が有力である。神田上水は1901（明治34）年に廃止。

2）玉川上水を作る工事のようす

　1652（承応元）年，幕府は多摩川の水を江戸に引き入れる計画を立てた。設計書の検討および実地調査の結果，工事請負人を庄右衛門・清右衛門兄弟に決定し，工事の総奉行に老中松平伊豆守信綱，水道奉行に伊奈半十郎忠治が命じられた。工事は，1653（承応2）年4月4日に着工し，わずか8カ月後の11月15日，羽村取水口から四谷大木戸までの素掘りによる水路が完成した。全長約43キロメートル，標高差はわずか約92メートルの緩勾配（ゆるい傾斜）である。羽村から，いくつかの段丘を這い上がるようにして武蔵野台地の稜線（尾根：谷にはさまれた山頂など高い部分の連なり）に至り，そこから尾根筋を

巧みに引き回して四谷大木戸まで到達する，自然流下方式による導水路であった。

翌年6月には，虎の門まで地下に石樋・木樋による配水管を布設し，江戸城をはじめ，四谷・麹町・赤坂の大地や芝・京橋方面に至る市内の南西部一帯に給水したのである。兄弟は，褒賞として玉川の姓を賜り，200石の扶持米と永代水役を命じられた。これらの史実や資料は，江戸時代の『上水記』の記述によるところである。

『上水記』は1791（寛政3）年に，江戸幕府普請奉行上水方の記録として作られた。玉川上水，神田上水の概要，その他の分水についての概略などが記されている貴重な資料である。

3) 工事に対する人々の工夫・努力

玉川上水の工事は，短期間で完成することが求められ，さまざまな点で人々の工夫や努力が見られる。以下がその点である。

①水源を，多摩川にしたこと（水量の豊富さと飲み水としての適性度）。

②取水口を羽村にしたこと（はじめは福生にしたが，水喰土などの障害箇所があり，2度失敗した後に，安松金右衛門の助言により，羽村を取水口とする計画にした）。

③全長約43キロメートル，高低差が約92メートルという大変緩やかな傾斜面で，水路の計画をどう考えるかが重要な課題だった。この課題を解決するために，尾根伝いに水路を通していくこととした（水路を決めていくのに，きめ細かい測量が求められた）。

④2人の兄弟とは庄右衛門と清右衛門である。2人は工事の途中，水路の変更ややり直しなどで最初の予算を超過し，自分の資産を投じて，玉川上水を完成させたのである。

水喰土とは福生からの水路が，現在の拝島駅の近くで水が地下に吸い込まれてしまう場所があり，工事を断念することになった。この場所は，水を食べてしまうということで，水喰土と名付けられた。

また大きな働きをした安松金右衛門とは，工事の総奉行の老中，松平伊豆守信綱の家臣で土木水利工事の技術者である。野火止用水の開削者でもある。

　海抜130メートルの地点にある羽村から海抜30メートルの四谷大木戸までの地形断面図を詳しく見てみれば，43キロメートルもの距離を100メートル下るだけであることがわかる。実に，ゆるやかな流れの玉川上水だったわけである。この高低差をつくるうえで，2人の兄弟は苦心と工夫を重ねていく。

4）工事に使った道具・参加した人々

　水路を早期に完成させるために，測量は夜に行い，線香や提灯をもった人々が並び，その明かりを手掛かりに高さや方向を測ったそうだ。

　工事に使った道具は，土を掘るのに使ったくわや土を運ぶために使ったもっこやかごが中心であった。工事に参加した人々は，地元の農家の人が多かったようである。

5）玉川上水の分水

　玉川上水が完成すると，その豊かな水量を有効に活用するために，水を分けて小さな水路を引いた。

　この分水のおかげで，江戸以外の場所にも水を供給することができるようになったのである。

　この分水で，人々の暮らしのようすが変わっていったのである。

【分水の時期の年表】

　　　1654年　玉川上水ができる

　　　1655年　野火止用水ができる

　　　1660年　青山上水ができる

　　　1664年　三田上水ができる

　　　1696年　千川上水ができる

6）武蔵野の新田開発

　武蔵野の人々は，玉川上水や分水ができる前は，地下深く井戸を掘って水を得ようとしていたのである。この井戸をまいまいず井戸といっていた。

　玉川上水の分水ができたことで，水を得ることが大変だった武蔵野でも飲み水や農業用水に利用できるようになり，ここから，武蔵野の新田開発が始

まったのである。

図表7-3　新田集落の発達

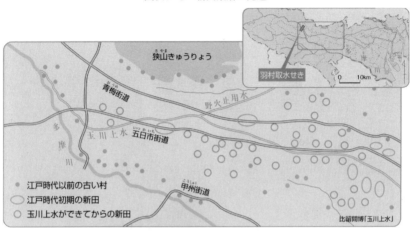

出所）東京都小学校社会科研究会『わたしたちの東京都』明治図書出版，2010年，
　　　p.63（基図は比留間博『玉川上水』に掲載されたもの）

　確認問題

1　吉田新田は，内海を埋め立てて開発した土地である。この新田開発は，
　さらに海に延び，海に延びた部分は，現在の横浜港の礎となった。ペリ
　ー来航後の中心地となったこの土地に現在も残っている施設で，その中
　心地としての役割をなした施設を1つか2つ挙げよう。
2　あなたの住む市や県内で，吉田新田のような埋め立てによって生まれ
　た土地や堤防工事はないか。100年以上前から残っている土木の遺産に
　ついて調べよう。

より深く学習するための参考文献や資料

【史跡資料】

　史跡資料として，このほかに次のようなものがある。

・玉川庄右衛門および清右衛門墓　台東区松が谷2-3-3　聖徳寺内

・玉川上水記念碑　新宿区内藤町　都水道局営業所内　江戸時代，ここに玉川上水の水番屋があ
　り，碑は，1885（明治18）年に建立されている。

・まいまいず井戸　羽村市五ノ神1-1

・四谷大木戸跡　新宿区四谷4丁目　ここに江戸城の大木戸が設置された。

【見学施設】

　また，見学施設としては次のような施設が代表的である。

・東京都水道歴史館　〒113-0033　文京区本郷2-7-1　℡03-5802-9040

・羽村市郷土博物館　〒205-0012　羽村市羽741　℡042-558-2561

・羽村取水口　（玉川庄右衛門・清右衛門の像がある）

　東京に限らず，本書の読者の住む市や県にもこの種の資料が収められている博物館や展示があ
るはずである。調べてみることをおすすめしたい。

【参考資料】

・尾河直太郎『史跡でつづる東京の歴史〔原始～幕末〕』一声社，1977年

・『社会　3・4下』光村図書出版

・『小学社会　3・4下』教育出版

・東京都教育委員会『東京都の文化財　二』東京都教育委員会

・東京都小学校社会科研究会編『東京の地理ものがたり』日本標準，1983年

・羽村市郷土博物館編『玉川上水　その歴史と役割』羽村市教育委員会，1986年

・羽村市郷土博物館編『玉川上水散歩マップ　改訂版』羽村市教育委員会，2002年

・比留間博『玉川上水』たましん地域文化財団，1991年

・横浜市歴史博物館『吉田新田ができるまで』横浜市歴史博物館，2006年

第**8**章

国土のようす・世界の中の日本・地球儀の活用

　この章では高学年児童にとって視野の拡大を支える単元を扱う。具体的には産業学習の前提になる国土の地理的理解と世界認識の基礎づくりである。地図的なイメージに付加して日本列島の形や自然環境の特色を学んだり，世界地図や地球儀を用いて日本の地理的な位置や大陸とは異なる弧状列島としての我が国の特色，日本とつながりの深い外国の文化などへの理解を促したりする指導が期待されている。

キーワード

　地理的環境　４つの大きな島　地球儀　産業学習　外国とのつながり

1　国土意識と世界認識の形成に寄与する内容

（1）教科書に掲載されている地図や写真教材

　単元は第5学年と第6学年に分かれている。前者は次の3つの小単元から成り立っている。具体的には「日本は世界のどこにあるの」「日本にはなぜ四季があるの」「住みよいくらしと環境」（教育出版『小学社会　5上』の場合）の3つである。つまり，すぐに日本の位置や地理的な特色に入るのではなく，まず世界地図や地球儀の中で我が国の位置を把握させる内容が入っているのである。これは，児童の世界認識の形成をいわば「入れ子構造」の形で促すための処置であり，学習領域を形式的に学年段階とぴったり合わせて拡大させ

る同心円的なこれまでの扱いの短所をカバーする意味でも工夫された導入と
いえる。このため世界地図や地球儀からこの学習はスタートする。教科書に
掲載されている図や写真などの一覧表を作成してみよう。

　最初に第5学年単元「国土の様子」で掲載されている地図や写真教材に関
して述べてみたい。

図表8-1　単元「国土の様子」に掲載されている図や写真

小単元名	掲載されているおもな地図や写真	解説と指導のポイント
日本は世界の どこにあるの	世界20カ国の生活風景を扱った 写真と東西半球図，日本の地形 の白地図	世界から見た日本の位置を半球図で確かめ， そこから日本の周りの諸国の位置とともに日 本の領土の範囲を学ぶように解説されている。
日本にはなぜ 四季があるの	桜の咲く時期の違いや紅葉の時 期の違い，夏と冬の家庭のイラス ト，季節風のメカニズムと日本の 気候区分	おもに気候の特色をつかませるように四季の変 化や梅雨，台風，洪水などの自然現象を示す用 語も登場。日本の気候区分は合計6つに分け られ，自分の住んでいる地域の雨温図を作図 するようにグラフ記入用の白図が用意。
住みよいくら しと環境	南北による気温の違いと標高の 違いに応じた住宅や遊び，生業を 説明した写真	暖かい土地（沖縄）と寒い土地（北海道），高地 のくらし（長野県），低地のくらし（新潟市）の 4地域に関する地理的特色の解説。

　多くの写真や主題図，イラストが教科書に登場し，児童はこの学習を通し
て，我が国は多様な地形と気候のもとでいろいろな暮らしが営まれているこ
とを知ることになる。また，高学年は，地図帳に掲載されている日本全図や
地方図はもとより，地球儀という立体地図を用いて，大陸と異なる日本の形
や気候の特色について学習していく。

　次に，第6学年単元「世界の中の日本」に掲載されている地図や写真教材
について検討してみたい。一覧表にまとめたので，次ページの図表8-2を参
照してほしい。

　外国の文化を端的に示す窓口として料理がある。食材の違いや味付け，食
べ方などに加え，料理を囲んだ家族の食事風景の写真も，それぞれの文化に
育まれた食を示せるので有効である。第6学年の最終単元であるため，それ
まで学んだ歴史や地図，身近な政治などの知識も駆使し，国際平和や文化交
流事業，移民なども事例として扱える。

特に，SDGs（持続可能な開発目標）や宗教対立による内戦など地球的課題や地域的な問題へ児童の関心を向ける必要性はますます，高まっている。

図表8-2　単元「世界の中の日本」に掲載されている図や写真

小単元名	掲載されているおもな地図や写真	解説と指導のポイント
日本とつながりの深い国々	韓国・中国・アメリカ・ブラジルの国旗や衣食，自然や歴史を示す写真や地勢図	輸入品やテレビのニュース，日本にある外国人集住町（中華街など）を事例に日本とのつながりに視点を当てて指導。交流と多様性をキーワードに児童自身の外国を調べてみたいという意欲を高めることがポイント。
世界の人々とともに生きる	青年海外協力隊などで活躍する日本人の写真，ユニセフや国際連合の働きを解説する写真，オリンピック出場風景	ＯＤＡや子どもの権利条約，自衛隊のＰＫＯ活動など日本の国際貢献や人権保護の具体例を扱う。歌舞伎の外国公演やオリンピック，多文化共生社会の町（川崎市・小牧市）の事例を通して世界の国々の人々との交流の重要性に触れる。

（2）国土や外国の理解につながる地図を使った同定・対比・移動・関係の学習

1）内容理解につながる発問

地図帳や掛け地図，テーマごとにつくられた各種の主題図は，学習内容も掲載されているので言語活動を豊かにする役割を担っている。地図も言語の一種であり，国土や世界の地図に描かれた点や線，施設，土地利用などの記号や標高に応じた色彩はいずれも意味を有したサイン（記号）だからである。地図教材の活用場面で，具体的にどんな発問を工夫すれば豊かな内容を伴った言語活動を実現できるのか，ア～エの4つの基本的な型を提示したい。

ア：位置や場所をたずねる発問（同定）

「位置」という概念は，客観的に把握できる数理的位置（方位や距離，緯度・経度）と関係位置（複数のものの相対的位置）で捉える場合に用いられるが，「場所」という言葉は位置に加えて，歴史的な由来やイメージも加味し多義的に捉える場合に使われる。どちらも「○○はどこにありますか？　地図（あるいは地球儀）を使って説明しましょう」と発問することで豊かな言語活動が引き出される。

たとえば「日本は世界の中では，どこにありますか？　世界地図を使って

説明しましょう」と問い，児童から「ユーラシア大陸の東にあり，赤道よりも北にあります」（位置）と答えが返ってくれば学習内容の理解度も測れて満点である。

「○○はどこですか？」は地図帳や地球儀を読み取る際の基本的な発問であり，学習内容を併せもっているので誰にでも思考を促す問い方となる。「日本のお隣には海を隔ててどんな国が接していますか？」「国土にはたくさんの人口が集まって住んでいます。産業や交通網が発達している海沿いがあります。何という海に沿ってありますか？」と視野を広げるだけで，東アジアの国，太平洋側という見方が理解できるようになる。

イ：地域を比べる発問（対比）

「比べる」発問は，科学的思考を促す発問の定石である。小学生には，できる限り2つの事物事象を丁寧に対比させることを指導したい。たとえば，第5学年の「我が国の国土の様子」の単元で，4つの大きな島，日本の屋根，山がち，が内容を構成する要素になるが，日本と中国やロシアの地図を同縮尺で比べさせ，「日本と中国・ロシアがある土地は大きく異なっています。列島と大陸との違いですね」「中国と日本の大きさを比べてみよう」「ユーラシア大陸の高い山（ヒマラヤ山脈）と日本の飛驒・木曽・赤石山脈を比べてみましょう。揚子江と信濃川の長さを比べると」などと，比べることを通して日本の国土の地形の内容理解も深まる。

単元「世界の中の日本」の学習場面でも比べる発問が鍵になる。たとえば自分たちの住んでいる日本と，2016年にオリンピックが開かれたブラジルの緯度や経度を地図帳で比べる→北半球にある日本と南半球にあるブラジルの夏と冬の違いを世界の都市の気温表で比べる→ブラジルの食べ物や陽気な音楽・暮らしのようすを調べる→「比べてみて住むとしたら，どちらの国に住みたいですか？」と発問することで，さらにブラジルの特色が理解できるようになる。

空間的な比較だけでなく，国土の単元では時代を比べても面白い。地図と絡めた発問では，「太平洋側は交通の整備が江戸時代や明治時代にも進められてきたけれど，日本海側と比べたらどうだろうか？」「首都である東京は江戸時代はどの範囲に町が広がっていたのか」などは地図を必ず使うため，言語

活動に深みも出る。

ウ：動きを問う発問（移動）

地図を眺める楽しみの一つは，地図上で旅行や移動の気分を味わえる点にある。つまり，地図の上で「動き」がイメージできるのが面白い。この面白さを子どもたちに味わわせてあげたい。

小単元「国土のいろいろな気候の暮らし」のまとめで「5泊6日で日本国内の四季を楽しむおすすめ観光ルートを企画するとしたら，どんな案がつくれますか？」や，単元「日本の食料生産」で食料輸入を考える際，「小麦がミシシッピ川を下って集められ，日本に運ばれてくるルートを地球儀上で確かめましょう」と，人や物の動きが頭の中で容易にイメージできるように引き出す発問がこれである。

第5学年の「国土の様子」を学んだ既習知識を用いて，第6学年の歴史の単元では，源氏と平氏の戦いの場所を示した地図（瀬戸内海）から，次第に平氏が西国に追い詰められていくようすが想像できたり，江戸時代の大名行列が通った道をたどれば，参勤交代が行われた時代の旅が想像できたりする。

発問としては，「パンの原料である小麦は，どこを通って日本までやってくるのでしょうか？」「教科書にも載っている加賀藩の大名行列の道中の苦労はどういったものだったのでしょう？」などといった問いかけがこの種のものである。

エ：関係をたずねる発問（関係）

「庄内平野ではどうして米作りが盛んなのでしょう？　地形と川，気候とどんな関係がありますか？」「太平洋岸に大きな工場が連なっているのはどうしてですか？」とたずねるのが，関係をたずねる発問である。自然と人間生活との関係，核となる農工業の生産地とそれを成り立たせる条件との関係，土地柄，土地に根差した文化の時代を絡めた関係など，関係をたずねる発問こそ，もっとも社会科としての水準が高い。「寒い土地の暮らしとエネルギー消費量との関係は？」「工業の盛んな地域と交通網の発達との関係は？」などの比較的やさしい関係から，「市の南に市街地が広がり，発展してきた理由は？」「明治維新を起こした藩（薩摩・長州）と親藩・譜代・外様大名の分布との間に何か関係はありますか？」「地球儀で見ると大陸はどちらかというと北

半球に広がっています。大陸の広がりと，先進国と途上国の間に横たわる経済格差に何か関係はありますか」など，やや高度な関係をたずねる発問こそ社会科らしい思考力が高まる授業といえる。

　基本は「比較しましょう」「2つの事柄の間にはどんな関係がありますか？」「原因と結果，始まりと終わり，条件と効果などの関係は見つかりますか」「見付けた事実は，どういった仕組みや構造になっていますか」「これらの事実にはどんな意味があると思いますか」などと問う言葉（一部に「ちずことば」も駆使しながら）で，思考が深まるなら素晴らしい。とくに関係を見出す力は，社会事象を構造的に捉える力に通じ現代に生き働く思考力といえる。

2) 言語活動を豊かにする授業の条件

　言語活動を豊かにするための授業の条件は，第1に言葉で表現（疑問や解釈，説明，論述，要約）したい意欲をもたせることができるか，第2に児童にとって言語化しやすい方法が提示されているか，第3に言語活動の結果が単元のねらいに生かせるかの3点である。

　「北海道は新潟県や山形県などより北にあるのに，雪は南にある新潟県や山形県のほうが多く降るのはなぜ？」という疑問を児童にもたせる授業であることが，第1である。子どもがそのわけを説明したくなるほどにその事象に関心を抱き，「自分のこと」に引きよせて問いを捉えることができるかが，もっとも大切な授業の条件である。

　雪の降る量の違いに例をとれば，日本列島とユーラシア大陸に挟まれた日本海が載っている地図が不可欠である。ここで登場させる大切な言葉として「北国」と「雪国」がある。「北国」は一般的に東北・北海道地方を漠然と指しており，とりわけ青森県や北海道が真っ先にイメージできる。

　一方，「雪国」は山陰地方である鳥取県や島根県など日本海側の県も含まれ，範囲が広い。日本地図でそれらの県の位置を確認させながら，教科書に掲載されているように，季節風が日本海側から太平洋側へと吹き渡る過程で山脈を越える際に雪を降らせるという解説イラストを学ぶのが一般的である。ここで，「北海道にも大きな日高山脈があり，日本海と太平洋に挟まれているのに，雪の降る量は新潟県より少ないのはどうして？」とそのわけを追究させ

ていく発問が日本の気候を理解するうえでの有効な手立てともなる。日本海の形がひし形になっていること，北西の季節風が日本海を渡る距離がもっとも長いのが新潟県や富山県であること，新潟県の沖合まで暖流の対馬海流が達していることなどが雪の降るメカニズムの理解と相俟って国土や日本海の形への興味につながっていくので面白い。

第2の言語化しやすい方法がとられているかであるが，教室に日本地図が掲示されていれば地名を使ってさまざまな社会事象や事物の成り立ちについて言語化しやすい。地図帳だけで授業を進めないで掛け地図やデジタル黒板などの日本地図を準備すれば，子どもは地図を使って社会のなかの出来事について疑問に感じたことに対し，理由を考えて説明しようとするはずである。

第3に言語活動の結果が単元のねらいに生かせるかであるが，日本海側に雪が多く降る地域が多いことを学ぶことは，教科書や「小学校学習指導要領」にも明記されている。

（3）地球儀教材の内容

地球儀は地球の形を模した教具である。しかし，実際の地球を単に小さくしたものでなく，印刷された地図が球面に貼り付けられている教具なのである。したがって教具としてのさまざまな工夫が施されている。以下に社会科指導において授業が円滑に進むうえでの指導ポイントを列記してみたい。

ポイント①　地球儀の回転に注目

地球儀は掛け地図と違って回転できることが魅力である。球体にリングやアームが取り付けられ台座の上で少し斜めに傾き（地軸の傾き），浮いているように見え，子どもの興味を引き付けやすい。手にすれば，子どもの誰もが回し始める。そのときが指導のツボである。「どっち向きに回すのが正しいですか？」と発問してみよう。子どもは高学年にもなっていれば，地球が自転していることはすでに知っている。「地球は西，つまり日本から見ればユーラシア大陸のある西側から東に向かって回っています。地球儀では付いている軸を中心にして回っていますが，本物の地球に軸はありませんよ」「大陸の東側に位置する日本は，東に広がっている太平洋から日の出になり，ユーラシア大陸の人びとよりも一足早く朝になる国ですね」と説明したい。このフレー

ズは，日本の国旗の由来と6年生の歴史学習で習う，聖徳太子の言葉「日出る国……」の学習の布石にもなる。

　自転は昼と夜の区分を感じ取るためにも大切な概念で，ぜひ一度は教室を暗くして地球儀に一方から光を当てて，昼と夜の区分を解説したい。その際，日本の位置に児童が注目しやすいキャラクターを貼り（地球儀の表面に人形のような姿の紙を貼り付ける），回転させつつそのキャラクターに次第に光が当たるように工夫したい。懐中電灯の光がキャラクターの顔に当たりだした瞬間，「今が日の出です。人形の顔に朝日が当たっていますね」と補足するとよい。また，人形の真上に懐中電灯の光が注ぐようになった瞬間，「ちょうどお昼の12時になりました」「日本はお昼です。それでは日本の反対側の国々は何時ですか？」と切り出すと効果的である。

　地球儀は地球上の昼夜の変化を説明する際に欠かすことのできない教具である。回す楽しさと連動してすかさず，「地球は24時間で1回転します。ゆっくりのようだけど，実際はすごい速さで回っている地球の表面で私たちは暮らしているのです」「地球はこのように1日で1回転しながら，太陽の周りを1年間かけて回っているのです。これを公転といって，自転＋公転で1年間が進んでいきます」。

　「今，日本はお昼ですが，真夜中の12時の国はどこですか？」「テレビのニュースで毎日，世界の株式市場の売り買いの情報が入ってきますが，ニューヨーク市場が今開きました，などというアナウンスを夜に聞いたことはありませんか？」「ブラジルで開かれたサッカーのワールドカップ大会で，日本チームの試合時間が深夜や早朝だったことを覚えていますか？」と丁寧に解説したい。自転や公転については理科でも指導するが，社会の事柄と絡めて指導することで地球儀への理解も深まっていく。

　ポイント②　大陸と海洋の形に着目

　「小学校学習指導要領　社会」にも指導が明記された世界の大陸と海洋について，まず地球儀で扱うのが本筋である。なぜなら地図帳や掛け地図に掲載されている世界地図に比べ，地球儀は面積がもっとも正しく表示されているからである。

　指導ポイントは，人差し指で大陸の輪郭をなぞらせることである。なぞら

図表8-3　地球儀

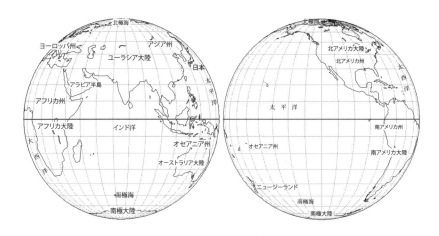

せながら，大陸名を口に出して言えるように促すとよい。スエズ運河やパナ
マ地峡などの大陸の切れ目も忘れずに教えることが必要である。図と地の関
係で，図として大陸が認識できれば，海洋は地として扱えばよいので簡単で
ある。その際，北極と南極周辺については，つい指導を省いてしまいがちに
なるので要注意である。地球儀を傾けて北極や南極を見せてほしい。

　発展的な指導として，面積が正しく表現されないミラー図法やメルカトル
図法による世界全図でグリーンランドをトレースして地球儀上のグリーンラ
ンドと比べる学習（縮尺が同じでない場合があるので見比べる程度でも可）や，アフ
リカ大陸の大きさに着目させる学習も大切である。とくにアフリカ大陸は，
ユーラシア大陸の次に大きな大陸であるにもかかわらず，世界全図で眺める
とそう大きな大陸として見えない難点がある。これは，日常，極地方が大き
く表示される世界全図を見慣れているため，どうしても相対的にアフリカ大
陸が小さく見えるイメージに引きずられた結果である。地球儀で「しっかり
とアフリカ大陸を見てごらん。たとえば，アフリカ大陸を横にスライドさせ
て日本の近くにもってきた場合，北端のアルジェリアは東京あたりに来ます
が，南端の南アフリカ共和国はどのあたりに来ますか？」と発問するのであ
る。広大なアフリカ大陸の姿に児童は注目するはずである。

　ポイント③　赤道に着目

　「赤道というから，本物の地球上にも赤いラインがぐるっと引かれているかも？」などと教師が発言したら，子どもたちの興味を引き付けること間違いない。衛星から撮影した地球の写真を見せて，地球儀と見比べさせてほしい。案外，子どもが興味をもつ導入となる。

　ところで4万75.017キロメートルにも及ぶ赤道の全周は，いわば地球の胴体の大きさである。赤道上の経度1度分の弧の長さは111.312キロメートルにもなるため，わずか4分間で赤道上の人たちは約100キロメートルもの距離を自転によって移動している。この計算は，24時間で360度を回転する自転であるため，まず24時間を分に換算すると1440分になる。これを360で割るのである。そうすると経度1度の自転に要する時間が4分と計算できるのである。黒板に大きな地球のイラストを描いて教えてほしい。4分で100キロメートルを動いているなんて想像するだけでも面白い。さらに，赤道の通る国（太平洋の島嶼国家も含む）や都市（シンガポールやキトなど）を地図帳も使って当てさせたい。世界の国々の中で熱い地域の国々が判明するからである。

　ポイント④　経線と緯線を指でなぞる

　地球の番地ともいえる経度と緯度は，世界中の位置を正確に示すことができる点でぜひ，気づかせたい事柄である。地球儀や世界全図に縦横に引かれている線を目ざわりと認識させてはならない。経線と緯線は理科でなく社会科で扱うべき内容だからである。黒板の中央に「日本標準時子午線」と大きく縦書きで板書する。その脇に縦の直線をチョークで引き，その直線の上に135°という数字を書くだけでこの内容の指導は開始できる。「『にほんひょうじゅんじしごせん』っていったいどんな意味だと思いますか？」と発問しよう。5年生は「しごせん」という聞きなれない用語に着目するだろう。干支（えと）の数は12ある。古来から日本では中国の暦の影響を受けてこの十二支を方角にも当てはめて認識されてきた。その中の子（ね・北）と午（うま・南）の方角が北と南を示すために使われている。「にほんひょうじゅんじ」はたやすく予想できる。しかし，どうして兵庫県明石市を通る135°を日本標準時子午線に制定したのだろうか。この135という数字を使って時差の学習にまで発展できるから重要である。地球の自転は24時間で1回転することを思い出させて，360°を24で割らせるのである。そうすれば1時間あたり15°の経度を

図表8-4　グリニッジ天文台の本初子午線を指す筆者

自転することがわかる。次に日本標準時の135°という数字と，15°という数字を並べて板書するのである。「この２つの数字にはどんな関係がありますか？」と発問しよう。ちょうど９時間の時差で日本の標準時を設定した明治政府の判断が理解できるようになる。

　ポイント⑤　本初子午線と赤道の交点に着目

　地球儀でしかできない重要な指導内容がこれである。イギリスのロンドン市のグリニッジ天文台の真上を通っている経線０°（図表8-4），つまり本初子午線（本初とは最初という意味）とアフリカのガーナの沖合を通っている赤道の交点を指で指させて指導するのがツボである。これこそ地球に引かれた経線と緯線のマス目の座標の原点だからである。

　従来，どういうわけか，この原点の指導はほとんどなされていなかった。日本で使われている世界全図においては日本が真ん中にあるためなのか，これまであまり重視されてこなかった。改善すべきである。先に示した日本標準時子午線の指導の延長で，黒板の左端に本初子午線の縦線と黒板のやや下部に赤いチョークで赤道を水平に引いてほしい。この２本の線の交点から，矢印（→）を上下，左右に付けて，北緯と南緯，東経と西経と板書するのである。日本標準時子午線である135°の経線は東経135°と表示すると説明し，改めて押さえておくとよい。

　以上，地球儀の指導ポイントをしぼって述べてきたが，これらは地球儀と

いう教具の特性に絞って指導すべきポイントを述べたにすぎない。地球儀という教具は教室に置いておくだけでグローバルな雰囲気を醸し出す。また，ハンズオンの地図学習の一つであり，児童にとっても手で触りながら考えることのできる魅力に富んだ対象であろう。アメリカの小学校の高学年で見たが，ハンドボールを十数個使い，ボールに印刷されている赤い帯線を使って赤道を解説していたようすが印象に残っている。風船地球儀にいたっては米国では全児童に1個持たせている。グローバルな社会に育つ子どもたちの資質形成に積極的に対応していたように感じられた。

　地球儀を頻繁に登場させ，社会科のほかの単元学習のなかでも活用すべきである。第4学年の県の学習で姉妹都市のある外国を調べる際にも，第5学年の食料生産の単元で外国から多くを輸入している農産物を扱う場合でも，森林の保護を学ぶ環境単元でも，そして第6学年の日本の歴史でペリーが通ってきた航路を調べさせる場合でも地球儀は活用できる。その前に教師が地球儀にもっと親しむことが大切であろう。

2　指導内容の重点

　国土と外国単元の指導内容は，単独でも意味ある学習ではあるものの，もっとも大切な視点は，日本の農業や水産業，工業，情報，防災，貿易などのその後に控えている単元内容を理解するうえでの基礎になるという押さえは忘れるべきではない。

　地図や地球儀についての学習を技能面での能力育成のためと狭く捉えるのではなく，国土や世界を理解するうえで軽視することのできない重要な内容を含んでいると考えるべきである。南北（気候）や標高（地形）の違いに応じた暮らし（4地域）が日本各地で存在するという学習内容にしても，事例の多さに惑わされて，しっかりとした社会認識に達しないことがないように注意したい。気候や地形条件に応じた人々の暮らし方を扱った既習知識が，次の事例地域を理解するうえで活用できるように扱いたい。

　第6学年の最終単元の「世界の中の日本」の扱いに関しても，ともすれば児童が調べてきた外国が多種多様であることに惑わされ，まるでクイズ大会

のように細かい知識を確かめるだけの授業にならないよう注意する必要があろう。

　第6学年の最後の小単元には，国際連合の働きと日本の役割を考える場面がある。最新の教科書には，SDGs（持続可能な開発目標）も掲載されている。温室効果ガスの発生をおさえ，地球温暖化を自分事として捉えるように促すためにも地球儀教材の活用は不可欠なのである。

3　教材内容の背景的な知識・情報

　単元「国土の様子」を指導できる背景となる大切なことがある。それは日本列島のもつ地形と気候に関する重大な特色を確かに把握しておくことである。地形に関しては，日本列島が弧状であることである。北海道から沖縄まで4つの大きな島と2000を超える小さな島嶼からなる我が国の国土の地形を大陸の国と比べつつ，把握しておくことが内容上，重要である。弧状である形のなかで，関東を境目に西南日本がほぼ東西に横たわり，東北日本は南北に立ち上がっている姿が気候にも影響を与えるので押さえておきたい内容といえる。桜前線の北上などを事例に，「福岡と東京での桜の開花は2，3日しか違いませんが，東京と青森との桜の開花日の違いは何日でしょう？」という問いなどは，列島の形を意識させるうえでの有効な発問である。

　日本の山岳を学習するのに，「日本の屋根」という言葉から入るのも効果的な視点である。飛驒，木曽，赤石山脈を取りあげ，3000メートルクラスの山岳が嶺を連ねている中央高地をまず取りあげたい。そののち，山岳から流れ下る河川を示し，河川による土砂の堆積による平野の存在に移ることで，地形のできあがり方も自然に理解でき，学習効果が上がることだろう。海に関してもぜひ，この単元で扱っておきたい。瀬戸内海というユニークな内海の存在をクローズアップしたい。6年の歴史学習で登場する，古代から中世にかけての畿内にあった朝廷や幕府の政治的・経済的な働き（厳島神社や源平の戦い，元寇や朝鮮通信使）を示すうえで瀬戸内海が果たした役割が大きいので，そのための布石としても扱っておきたい。

　地形の特色を押さえた後，日本の気候の特色も扱いたい。教科書には北海

道の気候，日本海側の気候，太平洋側の気候，中央高地の気候，瀬戸内の気候，南西諸島の気候の6つの気候区分が解説されている。緯度の内容理解と相俟って代表的な都市の雨温図も登場させたい。たとえば，札幌と東京（千代田区），那覇の各都市の雨温図を比べることも，緯度の学習内容とつながって有効である。児童が興味をもつ，海開き（海水浴）の月日や雪の写真との比較（2月），内陸性の気候である中央高地の夏場の涼しさを示す軽井沢などの別荘地の写真なども提示すれば，気候の理解につながる。また，「温暖湿潤」「寒冷多雪」という四字熟語を提示することも，日本の気候を端的に解説できる便利な方法である。

4　教材内容の準備

　どこに行けばこの単元に関わる資料や情報が得られるかを考える前に「地図帳」をまず参照してもらいたい。国土の様子や世界の中の日本，地球儀の学習内容は，いずれも「地図帳」に解説されている。「地図帳」だけでは不足する場合に限っておすすめしたい教材の準備として，グーグルアースや電子地図などのデジタル地理情報がある。インターネットと結びついた電子黒板が教室に用意されている必要があるが，今や各種デジタル地図類は簡単に入手できる。日本の国土のようすに関しても防災や観光など興味深い地図は数多く提供されている。東京の近くにお住まいの方なら，目黒区にある日本地図センターをおすすめしたい。1階にある地図の店では各種教材用地図や地図関係の図書が購入できる。日本橋の武揚堂という地図専門店も同様である。HPなどで確認して訪問されてはいかがであろうか。

確認問題

1　我が国の国土のようすを学習内容として設ける場合，必ず教えなくてはならない事柄はどんなことか，日本列島という特色ある対象を扱う際に欠かすことのできない視点は何か考えよう。

2　「世界の中の日本」を扱う場合に地球儀の果たす役割は何か。地球儀教

材の特色を挙げつつ，整理しよう。

より深く学習するための参考文献
・澤井陽介・寺本潔『社会科力UP授業が変わる地球儀活用マニュアルBOOK』明治図書出版，
　2011年
・寺本潔『空間認識力を育てる！ おもしろ「地図」授業スキル60』明治図書出版，2019年
・村上芽・渡辺珠子『SDGs入門』日本経済新聞出版，2019年

第**9**章

日本の農業・水産業・工業の特色

　ここで学ぶことは，我が国の産業のようす，産業と国民生活との関連について理解できるようにし，我が国の産業の発展や社会の情報化の進展に関心をもつようにすることである。産業について調査したり，地図や地球儀，資料などを活用して調べたりして，それらが国民の食糧を確保する重要な役割を果たしていることや自然環境と深い関わりをもって営まれていることを考えるようにする。

　おもな社会科教科書では，事例地として新潟県南魚沼市の稲作や山形県の庄内平野の稲作を取り扱っている。水産業では，北海道の根室港，静岡県の焼津港を取りあげている。工業では，福岡県の苅田町や愛知県の豊田市の自動車工業を中心に，取り扱っている。

　そこで，本章では，農業を新潟県の南魚沼市，水産業を北海道の根室港，工業を福岡県の苅田町の自動車工業を中心に，日本の産業について，地域との関わりや人々の努力や工夫を学ばせる社会科の教育内容について解説したい。

<u>**キーワード**</u>

　南魚沼市　コシヒカリ　無洗米　地産地消　養殖漁業　栽培漁業
　基幹産業

　この章の前半では，日本の食糧生産について，稲作を中心とした農業・さんま漁を中心とした水産業を調べ，地域の特色や，人々の願いや工夫を理解

することが重要なポイントとなる。この点をしっかり押さえないと，理解が不十分となる。後半は，自動車工業について調べる。

◇学習のポイント

ここで，この章の学習の流れ（調べていくこと）をつかんでおこう。日本の農業・水産業の学習ポイントは次の4点である。

　　○作物を作っている地域，漁をしている地域を調べよう。
　　○どのようにして作物を作っているか，漁をしているか調べよう。
　　○作物を作ったり，漁をしたりしている人たちの工夫や努力を調べよう。
　　○農業をしている人や漁業をしている人の悩みや喜びを調べよう。
　これらの内容を事例地を通して学ばせていく。

1　米作りが盛んな地域（新潟県南魚沼市）

(1) 学習の導入

この学習のきっかけは，日々の食事に着目することである。

日本の食卓では，パンや麺を食べることも増えてきたが，やはりお米を食べることが多い。スーパーマーケットのお米売り場を見ると，新潟コシヒカリ・あきたこまち・ゆめぴりか・ひとめぼれなど，多くの種類と地域のお米が売られている。

スーパーマーケットで売られているおもなお米の銘柄を列記すれば，図表9-1のとおりとなる。

北海道から九州に至る多くの道県で米の生産に力を入れていることがわかってくる。学校によっては，地元の銘柄を扱うこともあるかもしれないが，できる限り視野を全国に広げることが望ましい。

(2) 稲作の盛んな地域を調べる

お米のおいしい銘柄（特A）で多いのは，コシヒカリである。そのなかでも新潟県南魚沼市のコシヒカリは，とくに評判がよい。今回は，この南魚沼市を中心に，米作り（稲作）について調べていくことにしたい。とくに，「特A」

図表9-1　おもな米の銘柄と産地

あさひの夢	愛知県・群馬県・栃木県	ななつぼし	北海道
あきたこまち	秋田県・岩手県・山形県	能登ひかり	石川県
朝の光	埼玉県・群馬県	はえぬき	山形県・秋田県
キヌヒカリ	滋賀県・兵庫県・茨城県	ハナエチゼン	福井県・富山県
きらら397	北海道	ひとめぼれ	宮城県・岩手県・福島県
コシヒカリ	新潟県・茨城県・栃木県	ヒノヒカリ	熊本県・福岡県・大分県
ゴロピカリ	群馬県	ふさおとめ	千葉県
こしいぶき	新潟県	ほしのゆめ ほしたろう	北海道
彩のかがやき	埼玉県		
ササニシキ	宮城県・山形県・秋田県	まっしぐら むつほまれ ゆめあかり	青森県
つがるロマン	青森県		
月の光	栃木県		
てんたかく	富山県	夢つくし	福岡県

の評価を得た米は注目である。

　特Aとは，日本穀物検定協会が，毎年行っている食味の評価「米の食味ランキング」で，最高級の味の評価を得たお米を特Aとしている。2012年のおもな特Aの銘柄は，ななつぼし・ゆめぴりか・ひとめぼれ・コシヒカリ・つや姫・はえぬき・なすひかり・ハナエチゼン・ヒノヒカリ・さがびより・にこまる・くまさんの力・森のくまさん，などが挙げられる。

　次に，南魚沼市を教材として取り扱うポイントは，3点ある。

　　①おいしいお米の銘柄で，新潟コシヒカリ，とくに魚沼産のコシヒカリは，特Aのブランド米である。

　　②南魚沼市がある新潟県の米の生産量は，50.9万トン（2009年）あり，全国1位を誇っている。

　　③南魚沼市は，気候的・地域的においしいお米を育てるのに適した条件をもっている地域である。

以上の観点から，米作りの盛んな地域の特色をつかまえていく。

（3）学習の計画

　稲作の盛んな南魚沼市を調べる学習の計画は，次のとおりである。

○南魚沼市の地形を調べる。

○南魚沼市の稲作の仕事を調べる（米作りの1年）。

○稲作をしている人々の努力や工夫

○米の輸送や販売の工夫

○農家の人たちの悩み・願い

○これからの農業

これらの小単元に数時間ずつ配当し，全体で20〜30時間の単元を計画するのが一般的である。

次に，南魚沼市の地形を調べることについて述べたい。

教科書には南魚沼市の土地利用図が載っているが，凡例とよく照合させて，田や畑の分布を確かめさせることが大切である。

南魚沼市は，新潟県の東南に位置し，越後山脈などの高い山に囲まれている。市の真ん中を水のきれいな魚野川が流れている。夏は蒸し暑く，昼と夜の気温差が大きい。冬は雪が2メートルも積もる豪雪地帯である。

児童にとって「おいしいお米のできる訳」が，問いとしてあがってくるはずである。調べていくと，高い山々から流れ出す雪解け水，著しい昼夜の寒暖差，実入り時期の霧の発生が，甘み・粘り・つやの3拍子をもったコシヒカリができる要因であることがわかってくる。

ところで，稲作りの仕事のようすを農事暦で確認すれば以下のようになる。

【稲作りの1年】

　　1月　（雪に覆われているので仕事はできない）

　　2月　（雪に覆われているので仕事はできない）

　　3月　種まき・苗作り

　　4月　田おこし・しろかき・堆肥などをまく（機械）

　　5月　田植え（機械）

　　6月　田植え・草を取り除く・ようすを見て肥料を加える・水の管理

　　7月　草を取り除く・ようすを見て肥料を加える・水の管理

　　8月　草を取り除く・ようすを見て肥料を加える・水の管理

　　9月　水の管理・稲刈り・乾燥・もみすり（機械）

　　10月　稲刈り・乾燥・もみすり・出荷（機械・カントリーエレベーター）

11月　堆肥などをまく

12月　（雪に覆われているので仕事はできない）

　1年中，毎月米作りに努力していることが伝わってくる。なお，カントリーエレベーターとは，米をモミのまま運び，乾燥・貯蔵して必要なときに出荷できる施設のことを指す。

【米作りの工夫】

　さらに，稲作をする人々の努力や工夫について，内容の扱い方を解説してみたい。

　米作りの工夫として，有機栽培やかも農法が有名である。これは，コシヒカリは，いもち病にかかりやすいという欠点があったので，その欠点を克服したいと願う人々によって工夫された栽培法である。化学肥料や農薬の使い方を工夫して生産量を増やしていったものの，化学肥料や農薬に頼らない米作りも行われるようになった。つまり，有機栽培である。肥料には，牛や豚の糞尿に藁を混ぜて発酵させた堆肥を使う。ぬか・もみがらを田に入れて，養分のある土作りを心掛ける栽培法である。また，農薬の代わりに，雑草や稲の害虫を食べるまがもを田に放す「かも農法」と呼ばれる農法もある。

　次に，機械化も忘れてはならない工夫である。いろいろな機械を取り入れて，作業時間が短くなり，能率も上がった。今までは，手作業で行っていたので，足腰がいたみやすかったが，体への負担が少なくなった。しかし，一方で機械の値段が高く燃料代も高いので負担が大きいことが農家の悩みとなっている。

　土地改良も工夫の一つである。南魚沼市は盆地だったため，小さな田が多く，農作業がしにくかった。そこで，田を大きく変える土地整理を行ったことを指す。大型の機械が使えるようになり，仕事の能率も上がった。

　品種改良も有名な工夫である。コシヒカリの原種は，1944（昭和19）年に，新潟県の農業試験場で生まれた。その後，品質を高めるため品種改良を繰り返し，おいしい，そして病気に強く，生産量が多い品種ができた（ＢＬコシヒカリ……改良されたコシヒカリの品種）。

　以上のように多くの人々の努力と工夫の積み重ねで，おいしい米が作られ

ている。

【米の輸送や販売の工夫】

　次に，米の輸送や販売の工夫について述べたい。

　米の産地は，国内のほかの産地や外国産の安い米との価格競争に勝つために努力している。たとえば，おいしい農作物をより安い費用でつくるために生産組合をつくって機械や仕事の共同化を行っている。また，会社が農家から土地を借りて，大規模に農業を行い，値段を下げる試みをしている地域もある。

　消費者に安心して農作物を買ってもらうことも大切なことである。その工夫として，生産者の名前や顔写真を袋にのせたり，消費者に直接届ける産地直送を行ったりしている。

　また，環境にやさしい無洗米にしたり，無農薬や減農薬，有機栽培の米を作ったりして，値段は高くても売れる米の生産に取り組んでいる。

【悩み・願い】

　しかし，農家の人たちの悩み・願いも依然として残っている。

　たとえば，後継ぎがいないことがまず挙げられる。今，農家で働く若い人が減ってきている。後継ぎがいない農家や，勤めに出ている農家では，作業を請負に出したり，耕作をやめたりするところも出ている。

　次に，米があまることも深刻な事態である。人口も減り，パンや麺類を食べる割合も増えて，米があまるようになってきた。今までは，米の生産を重視し，国が一定の金額で買い上げていたが，1995年から，農家が自由に米を売ることができるようになり，産地間の競争が激しくなった。

　さらに，外国産の米が安いことも近年顕著になってきている。今までは，100％自給できる穀物だったが，外国からの輸入が認められたため，一定の割合で東南アジアや米国からもコメを輸入している。外国の米は値段が安いので，日本の農家は心配している。

　農業の悩みや心配に対する地域の人の対応について次に述べよう。

　南魚沼市で農業をしている人たちは，「農業塾」を開いて，後継ぎの人たちに稲作の技術を教えている。また，気候や土地の特色を生かして，すいかの栽培にも取り組んでいる。最近は，農業の仕事を都会の人にも理解してもら

うために，農業体験の取り組みを行っている。

　これらの事実を事例地を扱うことで具体的に児童たちに問題解決させていくことがこの単元のポイントである。

【これからの農業】

　社会科では，これからの農業についても考えさせたい。

　現在，注目されているのは，自然を生かした農業である。最近「地産地消」という言葉を，スーパーマーケットなどでよく目にする。調べてみると，自分の地域で生産されたものを消費することだとわかった。人々の安全で，新鮮な農作物を食べたいという願いを受けて，その土地や気候を生かした農作物を，地元で食べるよさも見直されている。

　作業学習として，農作物のおもな産地を調べるように促すのも学びを深めるきっかけとなる。

- ・じゃがいも……
- ・だいこん……
- ・にんじん……
- ・さつまいも……
- ・はくさい……
- ・たまねぎ……
- ・ね　ぎ……
- ・キャベツ……
- ・ほうれんそう……
- ・きゅうり……
- ・ピーマン……
- ・な　す……
- ・トマト……
- ・レタス……
- ・さとうきび……
- ・みかん……
- ・りんご……
- ・な　し……
- ・ぶどう……
- ・も　も……
- ・肉　牛……
- ・乳　牛……
- ・ぶ　た……
- ・にわとり（たまご用）……

　以上の農産品は，産地の特色が表れるので，地図帳もぜひ活用させたい。

　社会科教科書には，野菜作りとしてレタス作りが掲載されている。事例地は岩手県一戸町の奥中山である。一戸町の奥中山は，なだらかな高地で，涼しい気候を生かしたレタス作りが盛んである。一戸町奥中山の気温と降水量の図（雨温図）とレタス作りカレンダーが載っており，春から秋にかけてのレ

タス作りの工夫が伝わってくる。

　また，別の教科書ではチューリップの球根作りが解説されている。富山県
砺波市が事例地である。
となみ

　富山県の砺波市では，水はけのよい土地と，冬の積雪が多いことを生かし
たチューリップの球根作りが盛んだ。

　果物ではぶどう作りが取りあげられている。山梨県甲州市が事例地である。

　山梨県甲州市では，斜面と水はけのよい土地と，雨が少なく昼夜の気温差
が大きい気候を生かしたぶどう作りが盛んである。ビニルハウスの中で栽培
されているぶどう作りは年間を通して，せん定や消毒，肥料かけの作業がつ
づいている。

---

column

工場で作る野菜（玉川大学の話題）
── ＬＥＤでレタス作り ──

　　玉川大学には，Future Sci Tech Labと名付けた研究施設，植物
工場と宇宙農場ラボと超高速量子光通信があります。ＬＥＤによる野菜の栽培
や宇宙空間での食糧生産に関する研究が行われており，テーマとしてもひじょ
うに興味深いものです。

　玉川大学農学部教授の渡邊博之先生の話によると，ＬＥＤ野菜工場のメカニ
ズムは，「植物は，太陽の光をエネルギーとして生長します。しかし，太陽に
は目に見える光のほかに，紫外線や赤外線などさまざまな光があります。そし
て，そのすべてが植物にとって効果のある光というわけではありません。植物
の発芽や光合成に必要な光は「赤色」，葉を伸ばし，花を咲かせることに有効
な光は「青色」です。また，植物は生長に必要な光のエネルギーを周囲から吸
収していますが，それは何も太陽光である必要はありません。そこで，単色光
を発するＬＥＤを使って，植物に効果の高い波長の光だけを供給し，効率的な
栽培をしようと考えたわけです。現在は，レタスなど葉菜類がメインですが，
今後はイチゴやトマトなどの果菜類，米や小麦などの穀類，切り花なども収穫
できるようになるでしょう。さらに，スギ花粉症を予防する米，インフルエン
ザや高血圧に効く作物の栽培など，野菜工場には食べるサプリメント，食べる
医薬品の生産といった新たな可能性も大いに期待されています」

（玉川大学WEBサイトより抜粋）

畜産については肉牛飼育として熊本県阿蘇地方が取りあげられている。

　熊本県阿蘇地方では，山裾の草原を利用して，昔からあか牛（肉牛）の放牧が盛んである。コレステロールも低い赤身の牛肉で，近年，ヘルシーさが人気となっている。なお，牛肉の生産量と消費量は，図表のようになっている。

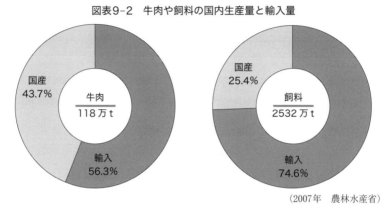

図表9-2　牛肉や飼料の国内生産量と輸入量

（2007年　農林水産省）

出所）『小学社会　5上』教育出版，p.69をもとに作成

2　水産業の盛んな地域（北海道根室市）

（1）学習の導入

　日本は，島国である。ゆえに，食料として水産物との関わりは大昔から続いている。水産物は日本の食生活には重要である。とくに，まぐろ・さんま・あじ・さばなどは水揚げが多い。近年，回転ずしや和食ブームもあり，水産物に注目が集まっている。まず，教科書や地図帳に載っている日本近海を表す地図を見て次のことを読み取ってみよう。

　　①魚の水揚げ量の多い漁港の多い地域の特色。

　　②暖流や寒流などの海流ととれる魚の量や種類との関係。

　　③水産業が盛んな地域の自然条件。

　日本のおもな漁港と，水揚げされるおもな水産物の量を示す大きな地図が学習内容である。

　黒潮（日本海流）と親潮（千島海流）がぶつかる潮目がよい漁場となっているこ

と，三陸海岸の複雑な入り江（リアス）が，天然の良港として利用できること
などが近くの漁港の水揚げ量を増やす理由になっている。

（2）漁業の盛んな地域を調べる

　ここでは，日本で多く食べられている魚の一つ，さんまの産地である北海
道の根室市を中心に調べていくことにする。

　事例として，根室市を教材として取り扱うポイントを述べてみたい。

　　①さんまの産地であり，水揚げ量がベスト10に入る漁港がある。

　　②親潮（千島海流）が近くを通り，豊富な水産物が獲れる漁場をもつ。

　　③根室港は，魚市場や水産加工の工場，輸送関係の施設が整備されてい
　　　る地域である。

　以上のポイントを必ずおさえつつ，わが国の水産業の特色に接近させたい。

（3）学習の計画

　この単元の計画は，次の5つの項目を順に取り扱うことでつくられている。
【水産業の盛んな根室市を調べる】

　　○根室市の位置を調べる。

　　○根室市の水産業の仕事を調べる（漁業の1年）。

　　○水産業をしている人々の努力や工夫

　　○魚の輸送や販売の工夫

　　○水産業の人たちの悩み・願い

基本的には農業の場合と同じ流れである。

　なお，根室市の位置を調べる学習も面白い。北海道根室市の地図を調べて
みる。根室市は，北海道の東端，北方領土の島々の近くに位置している。海
に面した市で，漁業とともに発展した町である。漁業に関連した仕事をして
いる人が多い。

　根室市は親潮（千島海流）が近くを流れ，さまざまな種類の水産物を獲るこ
とができる。水産業の仕事のようすについては，そのため，さんまだけでな
くたらやほたても獲っていることがわかる。

　農家の人の1年の働き方を示すカレンダー（農事暦）と同様に漁師にとって

も1年間のカレンダーは重要である。

【根室市の漁師の1年】

　　1月　たら漁　　　　7月　さんま漁

　　2月　ほたて漁　　　8月　さんま漁

　　3月　ほたて漁　　　9月　さんま漁

　　4月　ほたて漁　　　10月　さんま漁

　　5月　ほたて漁　　　11月　たら漁

　　6月　ほたて漁　　　12月　たら漁

【水産業の努力や工夫】

　水産業をする人々の努力や工夫については，どのように扱えばよいのであろうか。漁師の人たちは，さんまを効率よく獲ることや新鮮さを保つ努力や工夫をしているということが，児童に伝わればよい。

　具体的な工夫としてさんまを獲る工夫を取りあげたい。この工夫には，3つの機械を紹介する。

　1つはソナー（魚群探知機）である。さんまは，群れを成して泳いでいる。この群れを超音波を発信して探し，漁を効率よくしている機械がソナーである。

　2つ目は集魚灯（漁火）である。ライトをつけたり消したりしながらさんまをおびき寄せて，網の中に追い込んでいき，一気に引き揚げて獲るための灯を放つことができる。

　3つ目は探照灯（サーチライト）である。さんまがどこにいるかを探す灯である。

　新鮮さを保つ工夫では，紫外線があげられる。獲ったさんまは，新鮮さを保つために紫外線で殺菌された冷たい海水につけて港まで運んでいくのである。

　こういった具体的な工夫を通して，「努力や工夫」という社会認識に近づくことができる。

【魚の輸送や販売の工夫】

　次に，魚の輸送や販売の工夫に，どのように気づかせるか述べてみたい。

　さんまなどの魚は，新鮮さを保つことが重要である。そのために，さまざまな努力や工夫がされている。

輸送や販売の工夫として次の4点が教科書では取りあげられている。

　○魚に空気や人の手ができるだけ触れないように，素早く箱に詰める。

　○紫外線で殺菌し，菌のいない冷たい海水と一緒にさんまを箱に入れる。

　○さんまが獲れた場所や温度の管理，出荷した日などの情報を，インターネットで公開する（トレーサビリティー）。

　○さんまを輸送するときに大切にしていることは，新鮮なまま運ぶことである。そのために，温度を一定に保つ，決められた時間までに確実に運ぶことに努力や工夫をしている。

　さらに，天候を調べる，交通機関や方法を調べる，環境問題にも配慮するなどに対しても心を配らないと持続的な産業としても成立しないことを学ばせる。

【悩み・願い】

　しかし，一方で水産業の人たちの悩み・願いもある。

　○後継ぎがいない……今，若い漁師が減っている。漁師の高齢化が進み，後継ぎがいないので，漁師をやめるところも出ている。

　○水産資源が減少している……水産資源を獲りすぎたために，資源が減少した。このことについて各国が，自国の水産資源を守るために，海岸から200海里の範囲の海で，外国の漁船が獲る魚の種類や量を制限するようになった。

　○外国産の魚が安い……最近では，魚の種類によっては輸入が増え，値段の安い魚が出回り，競争になっている。

　これらの悩みは，現在の水産業が抱えている課題である。

(4) これからの水産業（育てる漁業）

　これからの水産業として，岩手県宮古市の事例がある教科書で紹介されている。

　日本の漁業は，水産資源が減ってきていることから，資源を守り，育てる漁業に方向を変換することが求められてきた。そのため，岩手県では，海岸の地形を生かした養殖漁業や栽培漁業が盛んになってきた。

　宮古市が養殖漁業に適している理由として，親潮と黒潮がぶつかり合うこ

とに加え，入り組んだ海岸に川から流れ込む栄養分豊かな水が魚や海草を育てるのに適し，おいしいわかめや昆布を育てていることがあげられる。

ところで，2つの漁業の意味の違いを注意させる必要がある。

　　・養殖漁業……稚魚や海草の種苗などを，施設で大きくなるまで育てる
　　　漁業。

　　・栽培漁業……稚魚を海や川などに放し，自然の中で育てる漁業。

という違いである。具体的には，「わかめ」と「こんぶ」を事例に1年間の仕事暦が掲載されている。

ほかの事例として，さけの栽培漁業も面白い。宮古市の津軽石川では，ふ化場で育てたさけの稚魚を川に放流し，成長して戻ってきたさけを獲る栽培漁業が，約100年も続いている。一時期減ったさけも少しずつ増えている。

養殖漁業や栽培漁業は，全国各地で盛んに行われている。しかし，えさによる海の汚れや病気の発生を防ぐために使う薬の安全性の問題など課題もある。

宮城県気仙沼市で有名なかきの養殖漁業は，漁師たちが山地に植樹を行うことでも有名である。

毎年6月，気仙沼市を流れる大川の川上，岩手県一関市の山で，「森は海の恋人」をキャッチフレーズにした植樹祭が行われている。ここには，気仙沼市でかきの養殖漁業をしている人や大川流域に住む多くの人たちが集まっている。これは，豊かな森林のある川が流れ込む海では，森からミネラル分を含んだ水が供給されてよいかきが育つということから始まった植樹である。これからの漁業の方向性を示す活動の一つである。また，川に流れこむ農薬や家畜のふん尿，住民の生活排水などにも注意を要する問題にもつながって

column ホンマグロの養殖

　「ホンマグロ」は，マグロのなかでも世界的に消費量が多く，水産資源として貴重な魚の一つである。近畿大学は，この「ホンマグロ」の養殖に成功し，商品化を目指している。試験的な試みで，東京に「ホンマグロ」の店を出し，人気を集めている。

おり，価値の高い学びとなっている。教科書にもこの運動を主導した畠山重篤さんが紹介されている。

　旬の魚を獲る漁業も漁業に欠かせない。兵庫県明石市を事例地とした漁業である。瀬戸内海に面した明石市は，明石海峡を挟んで豊かな漁場をもっている。四季を通して，数多くの種類の魚が水揚げされ，出荷されている。この市場の特色は，旬の魚を新鮮なうちに出荷することである。旬とは，とくにおいしい時期を示すものである。

　図表9-3は，明石でとれる旬の魚のカレンダーである。1年を通して季節を代表する魚がとれていることがわかる。

　また，とらふぐの養殖漁業として，長崎県松浦市も取りあげられている。

　長崎県は，多くの半島，入り江が多く，潮の流れが速く，海がきれいなので魚の養殖に適している。とくにとらふぐは，生産量日本一を誇っている。松浦市では，埋め立て地に養殖場をつくり，陸上でのふぐの養殖が盛んに行われている。

　水産業という産業は，このように自然条件に大きく依存した側面を有しており，児童に自然を生かしたさまざまな取り組みに気づかせることが大切である。

図表9-3　明石の旬の魚カレンダー（○はとれる時期，◎は旬の時期）

魚	1月	2月	3月	4月	5月	6月	7月	8月	9月	10月	11月	12月
いかなご		○	◎	◎								
あぶらめ			○	◎	◎	○	○					
めいたがれい					○	◎	◎	◎	○			
たこ						○	◎	◎				○
あなご						○	◎	◎	◎	○	○	○
あじ						○	◎	◎	◎			
たちうお								○	◎	◎	◎	○
はも						○	◎	◎	◎			
はりいか								○	◎	◎	◎	
たい								○	◎	◎	◎	
いいだこ	◎	◎									○	◎
ひらめ	◎	◎	○									◎

出所）『小学社会　5上』教育出版，p.88をもとに作成

3　自動車工業の盛んな地域（福岡県苅田町）

（1）学習の導入

　日本は，資源の少ない国である。ゆえに資源を輸入し，加工して輸出することで国を運営している。日本の工業では，この加工貿易が主流となっている。このなかで，自動車工業は現在の日本の重要な産業である。この自動車工業を中心に，日本の工業を学習していく。まず，自動車工場の地図を見て次のことを読み取らせる。

　　①自動車工場の広さを読み取る。

　　②工場のある場所の意味を読み取る。

　　③工場の配置図から，施設の配置の意味を考える。

　教科書では，福岡県苅田町の地図と工場の配置図が掲載されている。広い埋立地に工場を誘致し，合理的な生産ラインのもとで工場の建屋が配置されていることに気づかせることがポイントである。

　事例地の苅田町を教材として取り扱うポイントを3点紹介したい。

　　①埋め立て地にあり，工場のための広い敷地を確保することができる。
　　　各種施設の配置もしやすい（約236ヘクタール）。

　　②海に面している埋立地なので，船で輸入する原料を工場に運びやすい
　　　ことや製品を積み込みやすい。

　　③都市に近く，交通が便利。交通渋滞などが起きにくい。地震や台風に
　　　あいにくい。

　このほかに，工場で働く多くの労働者も得やすい地区であることもポイントの一つであろう。

（2）学習の計画

　本単元の学習の流れは，次のようになっている。

【自動車工業の盛んな苅田町を調べる】

　　○苅田町の立地条件を調べる。

　　○苅田町の自動車工場の仕事を調べる。

　　○自動車工場の人々の努力や工夫

○働く人や環境のための工夫

○部品工場の役割

○自動車の輸送の工夫

○これからの自動車工業

○世界とつながる自動車

　事例地を通して自動車工業の中味を学習させるとともに世界へ販売や生産を広げていこうとするこの工業の将来性についても扱っている。

　以下，順々に，取りあげる内容を検討してみたい。

　まず，苅田町の位置を調べることである。

　苅田町は，福岡県の東側に位置し，海に面している。工場は，埋め立て地に造られ，原料を積んでくる船や製品を運ぶ船が直接港に着けられるようにできている。工場内の配置も作られる順番を考えた配置になっている。

図表9-4　福岡県苅田町の地図

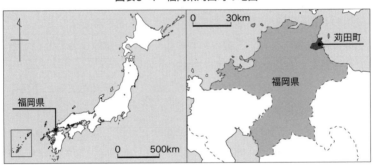

【自動車工場のようす】

　次に，自動車工場の仕事を調べる場面である。

　自動車工場では，工業用ロボットが有効に活用されている。製造工程のなかで，どのような工程にロボットが活用されているか，なぜその工程でロボットを活用するのかを考えさせていく。

　代表的な6つの工程は，

　　○プレス……プレス機械で，鉄の板を打ち抜いたり，曲げたりして，車体のドアやボンネットなどの部品を作る。

↓

○溶接……溶接ロボットが，車体の部品をつなぎ合わせて，車体の形に
　仕上げる。

↓

○塗装……車体をきれいに洗った後，色の塗り付けを3回繰り返し，き
　れいに塗り上げる。

↓

○組み立て……車体にメーターやランプ，エンジンなどを取り付ける。
　シート（座席）やガラスなどの取り付けにはロボットも活躍する。

↓

○検査……組み立てが終わると，ブレーキ・水漏れ・排出ガスの量・ド
　アのしまり具合などについて，厳しい検査をする。これに合格すると，
　自動車が完成する。

↓

○出荷……完成した自動車は，傷つかないようにシートをはり，駐車場
　に運ばれ，船やキャリアカーで出荷される。

である。これらの工程が詳しく写真で紹介されている。

【努力や工夫】

　次に，自動車工場の人々の努力や工夫も取りあげる。

　　・安全と速さを考えて，ロボットに溶接の仕事をさせている。30秒ほど
　　　の間に，40カ所の溶接ができる。

　　・環境のことを考えて，水性の塗料を使っている。

　　・さまざまな車種を生産しているので，生産の順番，品質，ロボットを
　　　コントロールしながら，計画どおりに自動車を仕上げていく。部品の
　　　取り付けは，専用の台車に載せて行う。これは，体への負担を少なく
　　　する工夫である。

　　・さまざまな車種を効率よく生産するために，コンピュータで内容を管
　　　理し，組み立てていく。

などの工夫が学習内容として扱われる。

　また，働く人や環境のための工夫については，工場では，仕事をする人に
とって働きやすい環境を整えている。

　働く人のための工夫として，

○この自動車工場では，3600人の人が働いている。真夜中の仕事を少なくして，朝からと夕方からの勤務を交替でしている。

○ゆったりとした気分で食事や休憩ができるよう，海に面した見晴らしのよい場所に食堂を設けている。

○工場の中には，冷暖房の装置や，空気をきれいにする機械が備えられている。

環境への工夫として，

○工場の敷地や周りには，緑が多く植えられ，地域の環境を美しく保つ努力をしている。

○工場から出る廃棄物は，燃やせるごみは燃やし，金属のくずは，再利用したり，金属を扱う会社に買い取ってもらったりと，リサイクルにも取り組んでいる。

ことが，おもな内容である。

　部品工場の役割も自動車工業では大切な学習内容である。自動車工場では，本体を組み立てるときに，多くの部品が必要である。その部品は，近くの部品工場から送られてくる。ここでは，シートをつくる工場を取りあげて，工夫やつながりを調べていく。

　シート工場では，数日前に届いた注文に合わせて，シートを計画的に作り，決められた時間までに自動車の組み立て工場に届けなければならない。これは，時間通りに納めないと，自動車の組み立てラインが止まってしまうからである。折れ線グラフからもわかるように，生産台数が変わると，シートの注文数にも影響が出る。

　自動車工業は，1つでも製造のラインが止まれば成り立たない産業である

** column　ジャスト・イン・タイム**

　自動車の生産では，組み立て工場で生産するスピードに合わせて，部品をつくる工場（関連工場）が，必要な部品を決められた時刻に届ける仕組みを取り入れている。これを，「ジャスト・イン・タイム方式」といっている。日本の自動車工場に特有の無駄のない効率的なシステムである。

ことを，これらの事例を通して気づかせるのがポイントとなってくる。生産効率と安全性，環境への配慮など，この工業がもつ特色を児童に理解させたい。

【輸送の工夫】

　次に，製造された自動車の販売への工夫として，自動車の輸送を取りあげたい。この場面では，2つの機械が登場する。

　　・自動車専用船……完成した自動車を大量に運ぶ船である。そのため，自動車の間隔を最小限にし，傷をつけないよう細心の注意を払って積み込んでいる。大量に運ぶことで，1台あたりの運搬費用を安くしている。

　　・キャリアカー……船で各地に運ばれた自動車は，そこからキャリアカー（専用トレーラー）で，販売店まで運ばれる。

【これからの自動車工業】

　単元の末尾では，これからの自動車工業を扱う。

　これからの自動車工業は，人々の願いや要望を取り入れた自動車作りを考えていく方向性がより必要である。その方向性を次の4つの柱で考えさせる。

　　①環境にやさしい車作り……地球温暖化を進めないために，空気を汚さない，燃料をあまり使わない車が求められている。その例として，ハイブリッド車や電気自動車，クリーンディーゼル車などが開発され，実用化されている。

　　②人にやさしい車作り……車いすのままで乗り降りできる車，ベビーカーをたたまなくても載せられる車などが開発されている。

　　③安全・安心な車作り……前を走っている車との距離が一定に保たれる装置をもつ車。赤外線を使って，夜間の歩行者などをはっきり映し出す画面をもつ車。衝突したときに，エアバッグが作動して，乗っている人を守ってくれる車。

　　④快適な車作り……道案内を自動的にしてくれるカーナビゲーションシステム。高速道路などの料金所を停止しないで通過できるＥＴＣシステム。

【世界とつながる自動車】

また，世界とつながる自動車の項目では，日本の自動車は，性能がよく，乗り心地がよいため，世界で人気がある。そのため，多くの車が輸出されている。しかし，日本から輸出するだけでは，その国の自動車産業を圧迫することになる。このため，その国に自動車関連工場を作ったり，現地の人をその工場で採用したりして，バランスを取っている。これからの方向性として，輸出先の国と協力して互いの産業を発展させていくことが大切である。多くの教科書では，世界地図の中に日本の工場がどの程度進出しているのかを示す図や具体的な生産台数を国別で示した主題図が載せられている。

4　日本の貿易の特色を調べてみよう

　下の品目の比較は，2009年の日本のおもな輸入品と輸出品である。
【輸入品】
　　①機械類　②石油　③液化ガス　④衣類　⑤石炭
【輸出品】
　　①機械類　②自動車　③鉄鋼　④自動車部品　⑤船舶
　この比較から，日本の輸入と輸出のようすが理解できると考える。加工貿易の国であることが，明白となる。すなわち，原料を輸入して，製品として輸出することが理解できる。このため，原油や鉄鉱石，鉛，ボーキサイトなどの地下資源を外国に頼る構造は昔から続いており，日本の貿易の特色となっている。
　資源に乏しい我が国の特色をふまえて，日本の工業は，自国の産業だけを考えるのではなく，世界の国々とのバランスや相手の国の産業の発展や維持を考えて進むことが重要となる。

> **確認問題**

　日本の工業や貿易のようすを見て，日本の工業の課題を200字以内でまとめよう。

より深く学習するための参考文献
・梶井貢『日本の産業まるわかり大百科４工業——自動車工業・鉄鋼業・電子工業ほか』ポプラ社，2005年

第 10 章

環境を守る・情報と暮らし

　「環境を守る」では，国土と環境，国民生活に関するさまざまな事例を，地図や地球儀，資料などを活用して調べ，国土の環境と国民生活や産業との間にはさまざまな関連が見られることを具体的に理解できるようにする。また，国土の環境が国民生活や産業の発展に大きな役割を果たしており，その保全や自然災害の防止に努めることが，国民生活の向上と維持にとって重要であることに関心をもつようにする。

　「情報と暮らし」では，各種の資料を調べ，社会の情報化が進展していることや，情報化した社会においては情報の有効な活用が大切であることに関心をもつようにする。

キーワード

　　環境の保全　公害の防止　森林の保護　自然災害の防止
　社会の情報化　情報の有効な活用

1　環境を守る

「小学校学習指導要領　社会」の第5学年目標 (1)，内容 (5) イ，ウ，

　第5学年目標
　(1) 我が国の国土の地理的環境の特色や産業の現状，社会の情報化と産
　　業の関わりについて，国民生活との関連を踏まえて理解するとともに，

地図帳や地球儀，統計などの各種の基礎的資料を通して，情報を適切に調べまとめる技能を身に付けるようにする。

第5学年内容（知識及び技能を中心に示す）

(5) 我が国の国土の自然環境と国民生活との関連について，学習の問題を追究・解決する活動を通して，次の事項を身に付けることができるよう指導する。

　(イ)　森林は，その育成や保護に従事している人々の様々な工夫と努力により国土の保全など重要な役割を果たしていることを理解すること。

　(ウ)　関係機関や地域の人々の様々な努力により公害の防止や生活環境の改善が図られてきたことを理解するとともに，公害から国土の環境や国民の健康な生活を守ることの大切さを理解すること。

に基づき，

　　第1小単元「生活環境を守る」(環境保全，公害防止)
　　第2小単元「国土を守る」(森林の働きとその保護，自然災害の防止)

の2小単元で構成される。自然災害の防止を独立させて，3小単元構成となっている教科書もある。ここでは2小単元構成について述べていく。

　第1小単元では，北九州市を事例にいま取り組んでいる環境保全とその背景に触れながら環境汚染から公害の防止について追究させている。

　第2小単元では，秋田県能代市立常盤小学校の森林保護の取り組みをベースとして，世界遺産に登録されている白神山地の森林保護に従事する人々の仕事を追究している。これらの追究活動を支えていくのが教科書の資料である。

(1) 各種資料の教育的活用

　上記の内容を学習させるために各種の資料が以下のように掲載されている。これらの資料を有効に活用させることにより，子どもたちの追究が効果的に

図表10-1　単元「環境を守る人々」「くらしを支える情報」

	環境を守る人々	くらしを支える情報
写真	86	43
吹き出し	17	24
図表・イラスト	11	23
囲み記事　作品例	8	5
囲み記事　〇〇さんの話	5	2
地図	5	5
作業ワークシート	4	4
学習の手引き	4	3
日本白地図	1	
円グラフ	1	
絵グラフ	1	
棒グラフ	1	
新聞記事	1	1

出所）「小学社会　5下」教育出版に掲載の資料

展開していくように進めなければならない。

1）写真

　本単元に登場する資料は延べ145点になる。そのなかで写真が86点（59.7%）と圧倒的に多く，半数以上を占めている。写真を読み取ることを通して，事実認識をしたり，さらに，新たな事実を調べたりと，教科書のなかで写真の果たす役割は大きい。直接，観察したり，見学したりできる事実，事物，事象を除いて，具体的な映像を提供し，具体的な事実認識を図ることのできる写真の効果は計り知れない。写真が示している事実から，「環境の保全」「公害の防止」「森林の保護」「自然災害の防止」というキーワードに関することがらについて，写真提供者の意図にも迫りながら読みといていきたい。

2）吹き出し

　学習者の人物の話し言葉にかたちをとって，学習内容に関する，理解，発見，疑問，意見，決意表明，呼びかけなどが表現されている。また，登場人物やキャラクターの事実に関する，説明・解説，意見，訴えが述べられてい

る。この話し言葉を子どもたちがどのように受け止めるだろうか，自分の意見や考えを創り出すために活用していきたい。

3) 図表・イラスト

ある事実を説明するために構成される。とくに流れをフローチャートで示したり，流れに写真やイラストを組み込んだりして説明も加えながら，ある事実を説明し，事実認識を深めようとしている。調べる段階で有効に活用していきたい。

4) 囲み記事
①作品例

子どもたちが調べたこと（事実）と調べてわかったことについての自分の意見が述べられている。これを通して内容に関する事実を知ったり知識を深めたりするとともに，調べ学習の結果をどのようにまとめたらよいかの作品例として活用できる。

②○○さんの話

事例に登場する人物の話。事実を語るとともに，その仕事に関する努力や工夫，苦労などを，その人物の言葉を通して知ることができる。ゲストティーチャーの話として積極的に活用していきたい。

5) 地図

事例地が登場したら，必ず地図で確認する。都道府県を日本地図上で，区市町村や地名を地図帳（教科用図書）で位置を確認するとともに，その地域に関する既習事項も確認するとよい。教科書にはすべての事例地の地図が掲載されているわけではない。その際は，必ず地図帳を活用して，その位置を確認するようにしたい。

6) 作業ワークシート

これを参考例として，学習の内容，事例地に併せて，教師が自作のワークシートを作成するようにしたい。

7) 学習の手引き

社会科における「写真をよみとる」「絵をよみとる」「ノートにまとめる」などの技能に関する学び方とその方法が掲載されている。これを具体的な学習に応じて適宜活用することにより，子どもたちのスキルアップを図っていきたい。

8) そのほかの資料の活用

各種のグラフから数字をよみとり，事実認識を深めることが大切である。

数字に関しては，その数字のもつ意味や背景などを実感としてとらえられるような配慮をしていきたい（参考文献またはコラム記事で紹介）。

(2) 指導内容の重点　北九州市の公害克服への取り組み

地図や地図帳で北九州市の位置を確認する（九州，福岡県，北九州市）。

上記(1)の1)に示したキーワードに関する事実を的確に提示できる写真を取りあげたい。「環境首都を目ざして」という「公害の防止」への取り組みに関わって，現在の北九州市の空の写真と1960年頃の空の2枚の写真を取りあげる（写真資料の活用）。

写真の読み取りには，「学びの手引　写真をよみとる」を活用すると効果的である（学びの手引の活用）。

【学びの手引　写真をよみとる】

　○昔の写真を見て，

　　・写真はどんな風景か。とくに気がついた点をあげてみよう。

　　・けむりや空はどんな色か。どうして，そんな色をしているのかな。

　　・においや音は，どんな感じだったのだろうか。想像してみよう。

「1960年ごろの北九州市の空」は，大気汚染のひどい状況（ビフォア）を表し，「現在の北九州市の空」は，大気汚染を克服し，澄んだ青空が戻った今の空のようす（アフター）を表している。

ビフォアは，大気汚染のひどいようす，具体的には工場の煙突から煙がでていること，その煙は上空に達し，さまざまな色（7色）になって広がってい

ること，視界を悪くしていること，この煙が空気を汚して（汚染して）いること，などを表している。アフターは，大気がきれいになったようす，白い煙を出す煙突が見られるが，色のついた煙は出ていない，視界がよい，青空が広がっていることを表している。

　2枚の写真を比較することにより，ビフォアからアフターまでの間に，どのようなことがあったのかに問題意識や興味・関心をもち，この間の公害をなくすための工夫や努力を調べようとするようにしたい。この際，ビフォアの写真があることが重要である。子どもたちには今の姿が当たり前に思えるからである。そうでない姿があったことを認識させることが必要なのである。

　その際，問題意識をもったうえで，積極的に活用したいのが，市民，工場，北九州市の3者が意見を述べている吹き出し資料である。

図表10-2　3者の話（吹き出し資料の活用）

市民	工場	北九州市
・大気のよごれぐあいを観察しました。 ・ばいえんのふる量を調べました。 ・市長にうったえました。	・公害をふせぐ取り決めをしたり，決まりを守ったりしました。 ・公害を防ぐ設備を設けました。	・公害を防ぐための取り決めをしたり，決まりをつくったりしました。 ・大気のよごれを観測する施設をつくりました。

　実際には，この3者がゲストティーチャーとして教室に来て，話を聞いたり，インタビューしたりするようなつもりで読むと効果的である。3者それぞれにロールプレーのような役割演技を試みてもよいだろう。

（3）教材内容の背景的な知識，情報：環境首都を目ざした北九州市の取り組み

　北九州市は，1963（昭和38）年に隣接する5市（門司市，小倉市，戸畑市，八幡市，若松市）が世界初の対等合併をして誕生した。市の中央部には細長い洞海湾があり，中国大陸の鉄鉱石や筑豊炭田の豊かな石炭を利用できる地の利から，1901（明治34）年に，この湾に面する旧八幡市に官営八幡製鉄所が造営された。以来，化学，窯業，セメント，電力などの工場が洞海湾をベルト状に取り囲むように林立し，北九州地域は四大工業地帯の一つとして日本の経済成長をけん引した。

しかしながら，経済の成長，産業の興隆は，一方で大気汚染や水質汚濁など激甚な公害をもたらした。

1) 煤煙の象徴である「7色の煙」

　1950年代には大気汚染が激化し，酸化鉄の「赤」，カーボンの「黒」，セメントの「白」などに着色された煙が空を覆っていた。しかし，戦後の復興期で経済成長第一であった当時においては，市民はこの煙を「7色の煙」と称し，発展の象徴として誇りに感じていた。とくに，大規模な工場が林立する洞海湾周辺の「城山地区」は“公害のふきだまり”ともいわれ，降下ばいじん量は1959（昭和34）年から連続して日本一を記録した。

　北九州市が発足した1963年には，市は行政指導の一環で「工場診断」を実施し，燃焼効率の改善や集塵施設の管理などについて指導した。降下ばいじん量は，1965年を境に徐々に下降していった。最終的に降下ばいじん対策としてもっとも効果的だったのは，石炭から石油へのエネルギー転換だった。しかしながら，石炭から石油への燃料転換によって，降下ばいじん量は減少し始めたものの，石油使用量の増加に伴い，二酸化硫黄濃度が増加した。1969年には，日本で初めてのスモッグ警報が発令された。警報は翌年にかけて13回発令された。このような状況から工場立ち入りや指導が行われ，操業短縮や低硫黄燃料への切り替えなどが強制された。

2) 公害克服への取り組み

　このような状況のなかで最初に立ち上がったのは旧戸畑市の婦人会であった。「青空がほしい」をスローガンに，婦人会では学習会を開き，直面する問題にどう対処していくのかが検討された。一方で大学教授の指導を受けて，降下ばいじんを測定する独自の調査を行い，その調査結果などをもとに工場に改善を迫った。

　企業は，生産工程の改善や汚染物質の除去処理施設の設置，工場緑化などの対策を講じた。これらの対策を進めるうえで，排水・排ガス処理など排出口での対策技術だけでなく，製造施設や工程の改善，省資源・省エネルギーを徹底することにより公害対策を行うクリーナープロダクション技術（低公害

型生産技術）を導入した。これは，環境改善だけでなく生産性を向上させる経済的効果をもたらした。

　このような市民・企業の動きと並行し，北九州市は公害問題に対処していくための公害対策組織の整備や公害防止条例の制定，企業との公害防止協定の締結，下水道・緑地の整備，廃棄物焼却工場や処分場の整備，被害者の救済など，画期的な環境対策を実施した。さらに洞海湾では，水銀などの有害物質を含むヘドロの大規模な浚渫を行った。

　市民・企業・行政は，ある面では対立しながらも，公害問題を解決していくという共通の課題に向けて，それぞれの役割分担のもとに一体になって対策に取り組んだ。たとえば，これらの代表により公害対策審議会を組織し，対策の策定段階から十分な意見交換を行い，信頼関係を構築した。

　このような市民・企業・行政が一体となった公害問題への取り組みにより，洞海湾の水質は大幅に改善され，現在では100種類を超える魚介類の生息が確認され，大気の状態も多くの野鳥が飛来するまでに回復した。

3) 環境国際協力の推進

　開発途上国，とくに急激な経済成長を続けるアジア地域の国々は，過去に北九州市が経験したような公害問題に直面している。これら開発途上国・地域における産業公害などの解決に役立てるため，北九州市では，公害克服の過程で培われた環境保全技術や人材を活用し，開発途上国との共同事業や専門家の派遣，研修生の受け入れなどの環境国際協力に取り組んでいる。このような活動に対し，1990（平成2）年に国連環境計画（ＵＮＥＰ）から日本の自治体では初めてとなる「グローバル500」を受賞，さらに1992年には，ブラジルのリオデジャネイロで開催された国連環境開発会議（地球サミット）で「国連地方自治体表彰」を受賞した。

　1993年，北九州市は，友好都市である中国・大連市に「大連環境モデル地区計画」を提案した。これを受け，中国政府は日本政府に対しＯＤＡ（政府開発援助）による開発調査を申請し，1996年に正式に採択された。これは自治体レベルの国際協力が本格的な環境ＯＤＡ案件に発展した初めてのケースとして注目された。

また，2000年に，世界43カ国・地域から環境大臣をはじめとする代表者や33の国際機関の代表者291人が北九州市に集まり，「アジア・太平洋環境大臣会議 in 北九州」が開催された。会議では，持続可能な開発のための政策指針を盛り込んだ2001年から5年間の「5カ年地域行動計画」やアジア・太平洋地域の都市が北九州市の公害克服の経験を共有し，都市環境の改善に役立てる「クリーンな環境のための北九州イニシアティブ」などが採択された。

4) 環境・リサイクル産業の振興

　北九州市の北西部の 響 灘地区では，現在，超大型コンテナ船も着岸可能な大水深港湾の建設などが進められ，物流・産業面から，近い将来，大きな発展が期待されている。この埋立地の一画における「北九州市エコタウン事業」が，1994年7月に全国に先駆けて国から地域承認を受けた。すべての廃棄物を新たにほかの分野の原料として利用し，あらゆる廃棄物を限りなくゼロにするゼロ・エミッション社会実現の軸となる事業である。エリアは，技術開発・実証研究を行う「実証研究エリア」とリサイクル工場の立地する「総合環境コンビナート」の大きく2つのゾーンから成る。また，近接する北九州学術・研究都市と教育・基礎研究の分野で連携する，ペットボトル，ＯＡ機器，自動車などのリサイクル工場や実証研究施設などの立地が進み，また，環境学習拠点としてエコタウンセンターも整備され，視察・見学者が後を絶たない状況である。

5) 環境未来都市の創造

　現代社会は，地球温暖化や廃棄物の問題，自動車公害問題などのさまざまな環境問題に直面している。これらの環境問題は，これまでの産業型公害のように被害者と加害者が明確に分けられるものではなく，私たちの日常生活や事業活動が大きな原因となっており，私たちの生活のあり方そのものを見直すことなしには解決できないものである。このため，これまでの「大量生産・大量消費・大量廃棄」を前提とした社会経済システムのあり方を見直し，効率よく資源やエネルギーを利用していく道を選択する必要がある。そして，環境への負担の少ない社会経済活動が営まれ，自然との共生が保たれる"持

続可能な社会"を築いていかなければならない。

　"環境の世紀"を迎えた2001年1月1日に，北九州市は，北九州市環境基本条例を施行し，北九州市の環境を確保していくための市民・企業・行政が共有する理念を定めた。また，同年開催したジャパンエキスポ北九州博覧祭2001では，環境に配慮した会場づくりやゼロ・エミッション事業の導入，市

北九州市環境ミュージアムを訪ねて

column

　ここ北九州市環境ミュージアムは，かつての官営工場八幡製鉄所の敷地内にある。同じ敷地内の近くにはスペースワールドのジェットコースターが轟音を響かせている。

　八幡製鉄所は，1901年に設立され，日本の近代化のシンボル的存在の一つである。明治日本の産業革命遺産，九州・山口関連地域の重要な構成要素として2015年に構成要素の一部が世界遺産に登録された。

　八幡製鉄所とともに歩んできた北九州市は，近代化に伴い公害問題に直面した。そして，市民，行政，工場の3者の協力のもとで公害を克服した歴史をもっている。その歴史を踏まえ，未来に向かっての人間の歩むべき方向性を示したのがこの環境ミュージアムである。そのことを環境ミュージアムのパンフレットの冒頭には，「北九州市は，かつて，工場や生活排水などによる公害を市民や企業，大学，行政が力を合わせて克服したまちです。今では緑豊かな，生き物もたくさんいるまちになりました。現在，北九州は政府から『環境未来都市』に選定され，『世界の環境首都』を目指して取り組みを進めています。環境ミュージアムでは，北九州市の公害克服の歴史や，世界の環境問題，また，身の回りの身近なエコについて，見て，ふれて，楽しみながら体験できます」と述べている。

　このような施設は，実際に訪問し，展示物に直に触れながら肌で感じるものを記録や記憶に止めることが大切である。

　この訪問でとくに感動したのは，戸畑市の婦人会が大気汚染の事実を世間に訴えるために自主制作した8ミリ映画「青空がほしい」の実物を見たことである。我が子の健康が大気汚染で冒されている現実を何とかしたいという母親の願いから，映画制作という，当時としては途轍もない行動に出たのである。容易に写真撮影のできるデジタルカメラも動画撮影用のビデオカメラもまだ手元にない時代のことである。

民ボランティアのホスピタリティあふれる来場者へのもてなしや環境教育関連イベントの実施などの具体的な取り組みを通じて，環境メッセージを広く内外に発信した。今後，環境基本条例に掲げている基本理念を市民・事業者・行政がしっかりと認識し，博覧祭で育まれた市民の環境意識や相互のネットワークを推進力にして，残された課題である交通公害対策や有害化学物質対策，さらには，ごみの資源化・減量化をはじめとする資源循環型社会に向けた施策を総合的に推進し，「環境未来都市」を目指していきたいと考えている（https://www.city.kitakyushu.lg.jp/files/000024732.pdf）。

（4）教材内容の準備

1）インターネットでの資料収集

事例地の関連サイトにアクセスし，情報を収集するようにする。

ここでは北九州市役所のサイトにアクセスすることによって関連する資料を収集することができる。以下，その例を示す。

「環境首都コンテスト先進事例集3」（公益財団法人ハイライフ研究所http://www.hilife.or.jp/wordpress/?p=508#1）に北九州市の環境に対する取り組みが，動画で紹介されている。一部を授業のなかで活用することもできるし，（3）で紹介した北九州市の公害防止，環境首都を目指した取り組みについて，映像を通して具体的に確かめることができるので，教材研究に有効に活用することができる。

2）写真を拡大して提示する

2枚の写真（ビフォアとアフター）を，パワーポイントなどのプレゼンテーション用ソフトを活用して，拡大して子どもに提示するとよい。ビフォアとアフターをそれぞれ1枚ずつ提示し，読み取る。その後，2枚を同時に提示し，比較しながら読み取るようにする。

（5）写真　白神山地の森林の中（写真資料）と
　　囲み記事「自然観察指導員の鎌田さんの話」を同時活用

まず，囲み記事の鎌田さんの話に目を通す。鎌田さんに森をガイドしても

らうつもりになる。教科書の文章,

　　　　秋田県の北部と青森県の西部にかけて, 世界遺産の白神山地がありま
　　　す(→ここでは, 必ず, 地図帳でその位置を確認すること)。
　　　　さあ, みなさんも白神山地の森の中へ入ってみましょう。耳をすまし
　　　てください。どういう音が聞こえてきますか。

に導かれて, 次ページをおもむろにめくり, 写真に出合わせる。
　プレゼンテーション用のソフトを活用して, 拡大して出合わせることも効
果的であろう。公開された動画(YouTubeなど)を厳密に審査して活用するこ
とも考えられる。
　森の中のようすをこの写真から読み取るためには, 森についての予備知識
が必要である。教科書の文章も参考にしながら, 図書やＨＰなどを活用して,
森のようすについて理解を深めることも大切である。

(6) 情報提供　白神山地の特徴

　白神山地の特徴は, 人為の影響をほとんど受けていない原生的なブナ天然
林が東アジア最大級の規模で分布していることにある。
　また, このブナ天然林には, ブナ―ミズナラ群落, サワグルミ群落などを
はじめ多種多様な植物が生育し, 高緯度にもかかわらず, ツキノワグマ, ニ
ホンザル, クマゲラ, イヌワシなどをはじめひじょうに多くの動物が生息し,
白神山地全体が森林博物館的景観を呈している。
　とくに世界遺産地域は, 原生状態がもっとも良く保たれており, その価値
は, 地球的に見てもきわめて重要であると評価されている。
　ブナ林は, 動物の餌となる植物が多く, ほかの森林に比較して豊富な動物
が生息しているほか, 水源涵養機能や地表侵食防止機能なども高いのが特徴
である。このような多面的な機能や美しさは, 近年日本でも高く評価される
ようになっている。

2 情報と暮らし

「小学校学習指導要領　社会」の第5学年の内容(4)ア，イ，

第5学年内容

(4) 我が国の産業と情報との関わりについて，学習の問題を追究・解決
　　する活動を通して，次の事項を身に付けることができるよう指導する。

　(中略)

(ア)　放送，新聞などの産業は，国民生活に大きな影響を及ぼしてい
　　　ることを理解すること。

(イ)　大量の情報や情報通信技術の活用は，様々な産業を発展させ，
　　　国民生活を向上させていることを理解すること。(以下，後略)

に基づき，

第1小単元「情報の中に生きる」

第2小単元「情報を生かすインターネット」

第3小単元「情報を上手に使いこなす」

という3つの小単元を構成することができる。

　第1小単元では，テレビ局を事例に，ニュースが制作され，伝えられるま
でと，情報を受け取る国民がどのように情報を活用しているかを追究させて
いる。

　第2小単元では，インターネットが社会のどのような場面で活用されてい
るかについて，産業における情報活用の現状や図書館，医療，防災，福祉等
の事例を通して追究している。

　第3小単元では，メディアリテラシーを中心に，私たちがどのようにイン
ターネットを有効に活用し，情報社会のなかでどのように生きていったらよ
いのかを追究させている。

図表10-3　インターネットによる人や社会のさまざまな結びつき

出所）『小学社会　5下』教育出版，p.25

図表10-4　もし，インターネットが止まったら

出所）『小学社会　5下』教育出版，p.24

（1）図表チャート・イラスト構成資料の活用

　わたしたちの生活を支えるインターネットについて追究するメインの資料として「インターネットによる人や社会のさまざまな結びつき」「もし，インターネットが止まったら」の2つの図表構成の資料が提示されている。

　前者は，「いろいろな場所の人と，さまざまな方法でやりとりができます」「生産地や生産者などがわかります」「買いたい本をパソコンで購入し，取り寄せることができます」「ききたい曲をパソコンに取り込むことができます」

と社会におけるインターネットの機能に関して情報を提供している。

　後者は，「コンピュータウイルスに感染してしまった」「一か所に情報が集中しすぎてたえられなくなってしまった」「回線が切れてしまった」というコンピュータのトラブルが発生したとき，それと対応して発生する社会生活における「お金の出し入れができなくなる」「パソコンを使った多くの作業ができなくなる」「注文ができなくなる」「交通機関が止まる」などの困ったことや問題に関して情報を提供している。

　前者における矢印の向きに注目していくと，それぞれの仕事の関連性も見えてくる。後者の矢印は，それぞれの困難の因果関係を示している。

(2) 教材内容の背景的な知識，情報—情報社会の光と陰—

1) コンピュータがもたらす光

　コンピュータがもたらす光は，何といっても記憶の確かさと処理の速さにある。また，多量の情報を正確に迅速に処理できることにある。

2) 情報通信ネットワークがもたらす光

情報通信ネットワークがもたらす光として，以下の3点が指摘できる。

　①情報発信に関すること……さまざまな情報を個人レベルで容易に受発信できるようになる

　②コミュニケーションに関すること……時間的・空間的制約を超えてコミュニケーションが可能になる

　③社会基盤の変化による生活様式に関すること……個人が直接商取引に参加できるようになる

3) コンピュータがもたらす陰

コンピュータがもたらす陰として次の2点をあげたい。

　①情報の誤差の拡大，技術の空洞化，知的所有権の侵害，現実と仮想の錯綜

　②コンピュータは正しく処理するから結果は正しいという過信

4) 情報通信ネットワークがもたらす陰

情報通信ネットワークがもたらす陰として，以下の３点がいわれている。

①情報発信に関すること……情報が発信者の意図を離れ勝手に一人歩き
　を始める。創作者の知的所有権が侵害される。不適切な情報，不正な
　情報，犯罪に関わる情報までも閲覧したり，収集したりすることにも
　なる。個人的趣味や悪意に満ちた情報までもが蓄積される

②コミュニケーションに関すること……相手がどんな人かわからないま
　ま情報のやりとりが進み，相手を傷つけることになってしまう危険性
　がある

③社会基盤の変化による生活様式に関すること……無防備にその商取引
　の荒波にさらされることになる

　　　　　　　　　　　（weba2.gifu-net.ed.jp/tmd/dpto/it_text/h15/21.pdf）

(3) 教材内容の準備

1) 机上の学習でなく体験的に学ぶ

コンピュータを手元に置いてできるだけ具体的な操作をしながら学習させ
たい。その際，インターネットの弊害が子どもに及ぼされることのないよう，
事前に十分チェックするようにする。

2) 日進月歩の変化の激しい内容に対応する

コンピュータが活用される社会的事象は，変化の激しい分野である。子ど
もたちに最新の情報が提供できるようにアンテナを高くし，教材研究をする
ことが必要になる。とりわけ，AI（人工知能）の活用により各種の産業が情報
を利活用している様子に関心を持つことも大事である。

1　公害を克服するために北九州市の人々が行った努力や工夫を調べ，公害から国民の健康を守るために必要なことを述べよう。

2　情報社会の光と陰について，具体的事例を通してまとめよう。

より深く学習するための参考文献

・寺本潔・吉田和義編著『伝え合う力が育つ社会科授業』教育出版，2015年

・三上仙道・外山明『小学校社会科の授業3　公害の学習——ヘドロとたたかう町と人々』国土社，1974年

第 11 章

身近な政治・国会の働き

　この章は，児童が生活する身近な暮らしのなかで公共施設がどのように作られたか，地方自治体や税金の内容を扱うことを国民主権の考え方の下で大切な働きをしていることを扱い，その前提として国のあり方である憲法や政治の仕組みを理解する第6学年の冒頭に位置づく単元である。3・4年生で地域で暮らすうえでの健康で安全な暮らしを支える公共の仕事を扱ったが，その発展形でもある。中学社会科で後に登場する公民的分野の基礎内容としても位置づくといえる。18歳選挙権の始まりに伴い，重要視された扱いに変化している。

キーワード
───────────────────────

　　地方自治体　住民の願い　憲法　政治の仕組み　三権分立

───────────────────────────────────

1　さまざまな解説図や写真，統計の教育的活用

　この単元は，一見身近な内容と受け取られがちであるが，社会事象の背景が理解できなくてはならないため，その本当の社会的な意味に迫らせるには教師の力量がより問われる単元である。児童にとっては，あたり前の公共サービスであり，図書館や公民館，児童館，公園など日常化している場所でもある。教科書にも「○○といった要望が市民から出ています」「安心して子育てができるまちを目指しています」といった表現で，いとも簡単に地方の政

治が実行されているかのように扱われているので，もっと補足が必要である。

　地方自治体の予算編成（とくに，住民税や地方交付税の存在）や，住民の願いによって実現できた施設などの具体的な資料を使い，教科書中の写真や解説図だけで学習を進めていかないように注意したい。下の表は，平成27年版の教育出版社『小学社会6年下』に掲載されている解説図や写真，イラストなどを整理したものである。解説図には矢印やイラストが多用されており，理解させる工夫が施されているものの，内容はむずかしい。とりわけ，税金の徴収や条例ができあがるまでの理解は児童の実感からは遠いため，どうしても具体例を示す必要がある。教科書だけで教え込む無理を教師は承知しておかなくてはならない。近年は，合併による自治体の広域化に伴い，行政の効率化も求められており，さらに施設の自治体間での共同利用なども進められている。市議会議員の仕事への注目も集まっており，住民参加の地方自治の原則を大事にしながら，いかに少子高齢化社会や人口減少社会のなかで自治体を維持していけるかを念頭に解説していくことが大切であろう。

　人口減少社会への突入は，予想以上に我が国の将来に大きな影響をもたらすに違いない。人が地方からいなくなれば，地域の資源は見出されにくくなる。その意味で小学校社会科ではもっと日本の人口問題を扱うべきであろう。

　一方，国会の働きや日本国憲法の内容に関しては，後で学習する第6学年の歴史学習のなかでもある程度取り扱っているので関連させつつ扱うことができる。国会に関しては明治政府の国会開設や戦後の民主国家の誕生のなか

図表11-1　単元「身近な政治」に掲載されている図や写真

単元名	掲載されているおもな図や写真	解説と指導のポイント
暮らしの中の政治	駅や公共施設で見られるバリアフリーの道や点字板，地方自治体と住民との関係図，条例のでき方解説図，税金の使い道を示す解説イラスト	学校や福祉センターなど身近にある自治体運営の施設を取りあげ，住民が積極的に考えたり，参加したりすることの大切さを重点に扱う。子ども条例などが整えられている自治体の例もよい教材になる。
憲法とわたしたちの暮らし	国民の権利と義務を解説したイラスト，広島平和記念式典の写真，内閣の働き解説図，三権分立を示す関係図，裁判員制度の体験を示す写真	児童にとっては身近でない国の政治の仕組みをイラストや関係図で解説してあるが，近隣にある平和資料館の見学や投票・裁判の役割について話し合うなど，できる限り理解しやすいよう指導を工夫することがポイントである。

で，憲法に関しても終戦後の平和憲法の誕生を現代史の一部として児童は振り返ることもできる。特に，文部省から発行された副読本『新しい憲法のはなし』(戦争放棄を描いた挿絵) が良い教材として位置づけられる。

2　指導内容の重点

　増田寛也氏を座長とする日本創成会議人口減少問題検討分科会によって発表されたレポートに世の中の衝撃が走ったことはご存じであろうか。2040年の時点で896もの自治体が消える見通しと若年女性の半減が地方に襲いかかる予測値である。児童が将来目にする地方のあり方はこのままで推移すると深刻である。すでに福祉の行政では介護福祉センターなどの利用だけでなく，在宅介護もすすめており，地方財政は火の車に陥っている例もある。児童への切実な題材としては福祉はやや縁遠い教材であるため，たとえば路線バスの撤退に伴うコミュニティーバスの運用，児童館・老人センター・公民館を併設した複合施設の建設，住民に一定の管理業務を任せた制度などを登場させて，教材として重点化し指導することも一案である。

　国の政治の仕組みや憲法の内容に関しては，重点は三権分立と日本国憲法第9条(戦争放棄)である。とくに，児童が混同している内容として，内閣と国会の役割の区別が十分にできていない実態が挙げられる(文部科学省「教育課程実施状況調査結果」による)。内閣総理大臣と国会で最大多数を占めている政党の党首が同一人物である点，内閣は，国会議員を含む，内閣総理大臣によって任命された国務大臣によって組閣され，仕事を行う役割があること，各省庁はその下にいて実際の仕事を遂行する役割を担っていること，国会は法律や内閣の不信任を決議したり，裁判官の弾劾裁判を担ったりする役割があることなどを丁寧に説明したい。また，近年制度として設けられた裁判員制度に関しても国民の裁判への参加を促す意味で重要である。

3　教材内容の背景的な知識・情報

　地方自治体の仕組みや政治，国の政治や憲法に関しては，新聞やニュース

から得られる時事的な事柄と関係する場合が多く，教材内容の背景も複雑で，教師には広範囲な知識が必要となってくる。ともすれば，教科書中の事柄だけは指導者として習得しているが，それ以外の社会的な知識について一般の社会人や会社勤めの方と比べて少ないケースがある。新聞も読まない教師がそれである。社会経済的な知識や情報に疎い教師も見られることから，意識して教師は自治体や国の政治や福祉，平和，社会のあり方に強い関心を持つべきであろう。

　とりわけ，自治体の財政状況に関してはもっと小学校でも扱ってよい内容である。自分の住んでいる自治体が人口減に陥っているのはどうしてか，学校設備や改築，福祉会館・博物館などの公共施設が隣の自治体と比べて見劣りするのはなぜか，農業や工業，商業の状態はどうかなど，市民的資質を養う意味でも現実の状況を示す財政状況を扱う必要がある。社会科は幼い頃には，地域のよさ（利点）を扱い，郷土に対する愛情を育む役割を担ってはいるものの，最終学年に至っては，地域がもつ課題や問題点も多少は扱うべきであろう。社会的事実を広い視野から考えたり，批判的思考（クリティカルシンキング）を磨くうえでも地域の発展を願ううえで，自治体が抱えている問題点は扱ってよい。地方共通の課題である高齢化や人口減少の傾向は，社会科でこそ扱われる内容だからである。そのうえで，今後の自治体の方向性を「まちづくり」の観点に立ってポジティブに考え合う授業が総合的な学習の時間との接合で可能になればさらに望ましい。

　国の政治や憲法に関しても，教科書で扱っている内容と身近な地域社会で起きている内容とを関係づける努力も欠かせない。税金や裁判員制度，国会審議など児童には理解がむずかしい内容もあるが，国税庁や裁判所，国会議事堂などのＨＰを開いて児童の学習用サイトにアクセスするだけでも多数の背景的な知識を増やすことができる。

　また，平和に関しては，第2次世界大戦後76年以上を経るにあたって，戦争の悲惨さを伝えてくれる高齢者の方々が著しく少なくなっている現在，新たな平和学習の教材開発が必要になっている。地域に残る戦争遺跡の発掘や教材整理，戦争体験者の手記，外国にある戦争記念館の取材と国内にあるそれとの主張の相違，平和を維持するために活動してきた団体や個人の記録な

どが，教材内容の背景として資料収集と活用への期待が高まっている。

4　教材内容の準備

　教師にとって政治は思想・信条と関わり，扱いにくい単元であるとの意識が強いが，ニュースを騒がす政治的な課題がどうしても児童の関心にも上がってはくるものの，まずは地方自治体が発行する広報誌や最近建設された市町村立の施設のパンフレット，社会福祉協議会や平和学習を支援するＮＰＯなどが出す教材となる資料を集めておきたい。ハンセン病患者やアイヌの権利など自治体を超えて人権に関する諸問題は多いが，まずは学校の位置する自治体の福祉や政治の概要を教師も知ることである。デイサービスの車の写真や子どもの遊び場整備の事例があったら，積極的に教材として収集しておきたい。

　後半の単元である憲法と暮らしを扱う場面では，国会議員選挙の候補者の顔が掲載されている看板や街の中で走り回っている選挙カー（複数の政党）を写した写真，国会議事堂のある永田町の地図などを準備しておきたい。平和に関する学習には，歴史学習の際に登場する空襲後の焼け野が原になってしまった街の写真や同じ児童が当時疎開先で暮らした資料（作文や写真），1945（昭和20）年8月前後の新聞記事の複写などを準備しておきたい。

確認問題

1　自分の住んでいる自治体を例に，住民の願いにより建設が実現できた施設の事例を調べ，事例の解説とその教育的な価値について300字程度でまとめよう。

2　国の政治の仕組みについて，最近の国政を扱った新聞記事を1つ取りあげて，記事の要約と背景にある政治の仕組みについて1000字程度で解説しよう。

第 **12** 章

縄文・弥生時代から平安時代の歴史

　この単元のねらいは，縄文・弥生から古墳時代にかけて変遷する人間の狩猟・採集や農耕生活の諸相と，「ムラ」から巨大古墳の築造に象徴される「クニ」へと移り変わる集団生活の諸相，および飛鳥時代から奈良・平安時代にかけて，氏族制社会から大陸文化の大規模摂取によって成し遂げられた中央集権的律令制社会へと移行する国家運営の諸相を学ぶことにある。児童には，遺跡や文化財，その他各種資料を駆使した調べ学習を通して，歴史学習の意味を考えつつ，我が国の歴史に対する関心を高めることが期待される。

キーワード

　狩猟・採集　農耕　巨大古墳　大和朝廷　大陸文化　大化の改新
　律令制　仏教　摂関政治　国風文化

1　歴史を学ぶために（その1）

　過去の事実や経験は，いくら蓄積されたとしてもそれだけでは史実とはなり得ない。史実とは，そのなかでとくに私たちの「記憶」に残り，私たちが「記録」に残して来た何事かである。それらはある時代ある場所で特定の誰かが書き遺した手紙，日記，公文書等々の「記録」，あるいはたくまずに遺された遺跡・遺物類の中にのみ見出されるものである。史実は，ある時代ある社会を生きている数多の人間のうちの数少ない誰かが遺した「断片」であり，断

片と断片の間には，多かれ少なかれ必ず「欠けたパズルのピース」が存在する。史実という名の諸々の断片の間に存在する見えない何かを推論し，できる限りその時代その出来事の全体像を再現して描き出すのが歴史研究なのである。

　そのような歴史の研究と学習とは，過去と現在と未来との関わりの探求である。過去と現在は原因と結果，同様に現在と未来もまた原因と結果である。つまり，私たちが今こうしてこのように生きている現在は，果たしてどのような過去の経緯に基づいているのか，そして私たちが今この現在に経験しつつある出来事，選択した社会の姿が，未来にどのような結果をもたらすのかを探求することにこそ歴史を学ぶ意義がある。「小学校学習指導要領解説　社会編」に，「単に過去のできごとを理解するだけでなく，現在の自分たちの生活や国家・社会の発展の基盤がどこにあるのかを考えたり過去のできごとを現在及び将来の発展に生かすことを考えたりすることができるようにすることである」と記されているのは，まさにこのことであるといってよい。

　「小学校学習指導要領　社会」第6学年の目標(1)には，次のように記されている。

　　　　我が国の政治の考え方と仕組みや働き，国家及び社会の発展に大きな働きをした先人の業績や優れた文化遺産，我が国と関係の深い国の生活やグローバル化する国際社会における我が国の役割について理解するとともに，地図帳や地球儀，統計や年表などの各種の基礎的資料を通して，情報を適切に調べまとめる技能を身に付けるようにする。

　この文言に示唆されているのは，小学校歴史教育の力点は，理解目標以上に態度目標に置かれるということである。ポイントは，日本史上に足跡を残した先人の業績・文化遺産に対する「興味・関心の深化」と，我が国の歴史・伝統の「尊重と愛情の育成」とである。「理解」に関しても，「指導要領解説　社会編」では「人物の働きを共感的に理解できるようにすること」（傍点筆者）とされており，明らかに認知的側面よりも，歴史に対する心情的陶冶のほうが重視されている。したがって，「内容の取扱い(2)」のアに

児童の興味・関心を重視し，取りあげる人物や文化遺産の重点の置き方に工夫を加えるなど，精選して具体的に理解できるようにすること。

とあるように，小学校段階では，児童の興味・関心を助長し，歴史学習の楽しさ・重要性の実感可能性を教材選択の基準としなければならないのである。

本単元はまさに歴史学習の端緒を開くものである。それだけに子どもたちの精神生活から遊離することのないように，教材の本質を見極めたうえで選択すべきである。限られた単位時間数のなかでの実践を余儀なくされることは重々承知のうえで，それでも可能な限り学習のねらいや教材に対する子どもたちの喜怒哀楽の感情を掻き立て，五感の働きを十全に活用した「身体性」を伴う授業構築を理想としたいところである。

2　縄文・弥生時代から古墳時代へ
——「くに」のはじまり

（1）学習のポイント

この単元に相当する「小学校学習指導要領　社会」第6学年の内容(2)のアの（ア）には，次のようにある。

> （ア）　狩猟・採集や農耕の生活，古墳，大和朝廷（大和政権）による国土の統一の様子を手掛かりに，むらからくにへと変化したことを理解すること。その際，神話・伝承を手掛かりに，国の形成に関する考え方などに関心をもつこと。

つまり，縄文時代から古墳時代に至る我が国の歴史創成期を取り扱い，狩猟・採集や農耕の生活と，古墳の2つの歴史的事象学習を通して，生産様式の移り変わりが社会生活のあり方に変化をもたらし，やがて統一国家の誕生へと至る歴史の流れを，児童に見て取らせることが眼目となっている。

学習内容と，使用することが期待される史料は次ページ図表12-1のように

図表12-1　第6学年 内容（2）のア

学習内容	史　　料
狩猟・採集や農耕の生活	貝塚や集落跡などの遺跡，土器などの遺物，水田跡の遺跡や農具などの遺物（博物館・郷土資料館などで）
大勢力の豪族の出現・大和朝廷による国土の統一	古墳の規模やその出土品（身近な地域や国土に残る古墳で）古事記・日本書紀・風土記などの神話伝承

対応する。

　歴史学における時代区分は作業仮説であって，それらが人々の生活や社会の実態を正確に表しているとはいえないということに注意したい。年表を使用した学習指導の際の重要な配慮事項である。

　この単元で扱われる我が国創成期に相当する縄文・弥生・古墳の各時代にも一応の定義は存在するが，それぞれの開始・終末期がどの辺りに求められるかについては，発掘された考古資料の解釈にも諸説が多く，明確に定まっているとは言い難い。それを踏まえたうえで，この小単元で扱われる3つの時代区分を定義すると一応次のようになる。

（2）縄文時代

　ＢＣ145〜10世紀（約1万6500〜約3000年前）にかけて日本列島上に展開した時代である。そもそも「縄文」という呼称は，縄文土器が使用された時代を示したものであったが，研究の進展に伴い，旧石器時代との違いを磨製石器の製造技術，土器使用，農耕狩猟採集経済，竪穴住居や貝塚に見られる定住社会などととらえるようになった。

　「縄文」という名称は，アメリカの動物学者エドワード・Ｓ・モース（Edward. S. Morse, 1838〜1925年）が1877（明治10）年に大森貝塚から発掘した土器をCord Marked Potteryと報告したことに由来する。だが，全国の遺跡から出土する土器が必ずしも縄目の模様によって装飾されているわけでないことに注意したい。実際には条痕文や隆起線文など，装飾技法は多様である。中部地方の勝坂式土器，新潟県で出土する馬高式土器など，ダイナミックな造形の見られるものがよい例となるだろう。授業実施地域の近辺にある遺跡から出土した土器と，一般名称としての「縄文」との違いに注目し，日本列

島の多様性に着目させるのも歴史に対する好奇心を引きだすきっかけとなり得る。間違っても縄目模様のない土器を児童に見せておいて,「縄文土器とは縄目模様のあるものをいう」などと説明しないようにしたい。

さらに縄文文化は日本列島のどの地域でも同質のものだったのではなく,多様な地域性を備えた文化群であったことも現代の考古学の水準ではわかっている。したがってこうした時代区分と呼称とは,同時期の日本列島内でも地域差があり,授業を実施する学校の所在地によっては,教科書所載の一般的知識と,地域の実情との偏差への配慮が必要となる場合があることに留意したい。たとえば,いわゆる本土の縄文時代は,沖縄県では「貝塚時代前期」に区分される。また東北北部から北海道では縄文時代の生活様式が継承されるため,本土の弥生から古墳時代にかけては「続縄文時代」と呼ばれる。

(3) 弥生時代

北海道・沖縄を除く日本列島において,およそBC3世紀中葉～AD3世紀中葉頃までにかけて展開した時代である。「弥生」という名称は,1884(明治17)年に東京府本郷区向ヶ岡弥生町(現東京都文京区弥生)の貝塚で発見された土器が,発見地に因み弥生式土器と呼ばれたことに由来する。

弥生時代と縄文時代との間の区別は,それほど単純なものではない。そもそも教科書に「縄文のむら」の事例として記載されている三内丸山遺跡から得られた考古学上の発見が,実は縄文時代は狩猟・採集生活,次代の弥生時代は稲作を中心とした農耕生活といった,過度に単純化した対比関係で両者を捉えることの誤りを証拠立てている。

「三内丸山遺跡」は,青森県青森市大字三内字丸山に所在する大規模集落跡であり,縄文前期から中期にかけてもっとも典型的な縄文文化が栄えた時期のものと考えられている。集落には高床式倉庫,捨て場,貯蔵穴,土坑墓,道路などが計画的に配置されている。特徴的なのは,大型竪穴住居が10棟以上,約780軒にもおよぶ住居跡,さらに祭祀用に使われたと思われる大型掘立柱建物が存在したと想定されていることである。これは1カ所に大人数が居住することを可能にする安定的な食料供給の存在を示唆している。

実際,遺跡からはクリ・クルミ・トチといった大量の堅果類の殻や,さら

には一年草のヒョウタン，ゴボウ，マメなどといった栽培植物も出土した。出土したクリのDNA鑑定によって，それが栽培されていたことも確認された。これによって，縄文時代には少なくとも部分的には農耕が営まれていたことがわかる。それが家族単位で獲物を追う移動型の生活ではなく，数百人規模の集落を形成する定住型生活を可能にしたのだろう。

　一般には，弥生時代は，水稲耕作による稲作の技術をもつ集団が列島外から九州北部に移住することによって始まったとされている。しかし，少なくとも約3500年前からすでに陸稲による稲作が行われていて，水稲についても縄文晩期には導入されている。稲作技術は，遅くとも縄文時代後期までには列島にもたらされていたことがわかっている。現在ではおおよそ，水稲農耕技術とそれにともなう文化様式とを受容した段階に「安定的」という付帯条件をつけて，それ以降を弥生時代とするという考えが定着している。

（4）古墳時代

　古墳，とくに前方後円墳の築造が質量とも充実した時代を意味する区分である。諸説はあるが，現在のところ一般的に，3世紀半ば〜7世紀末頃までの約400年間を指すのが主流である。前方後円墳のかわりに方墳・円墳，八角墳などが造り続けられた7世紀を古墳時代終末期と呼ぶこともある。

　前方後円墳は，ヤマト王権が倭の統一政権として確立してゆくなかで，各地の臣従を示す豪族に許可した墓の形式であると考えられている。3世紀の後半から奈良盆地に大規模な前方後円墳が現れ，5世紀中葉までには，畿内や各地に巨大古墳が築造されるようになる。ヤマト王権確立後の6世紀末には，日本各地でほぼ時を同じくして前方後円墳は姿を消す。

　古墳時代各期の代表的な古墳は以下のとおりである。

図表12-2　古墳時代各期の代表的古墳

区　分	前　期	中　期	後　期	終末期
年　代	3世紀の後半	5世紀	6世紀前〜後半	6世紀末
名　称	箸墓古墳	大仙古墳	河内大塚山古墳	石舞台古墳
所在地	奈良県桜井市	大阪府堺市	大阪府松原市	奈良県高市郡

　対外関係が活発化するのもこの時代の特色である。5世紀には倭の五王が

中国に使者を遣わした。教科書に掲載されている稲荷山古墳（埼玉県行田市）から出土した鉄剣銘や江田船山古墳（熊本県玉名市）から出土した大刀銘は，倭の五王の治世の一端をうかがわせる重要な教材である。

　教科書に弥生時代の事例として紹介されている板付遺跡（福岡県福岡市博多区）や吉野ヶ里遺跡（佐賀県神埼郡吉野ヶ里町）など，弥生時代の集落はしばしばその周囲を「環濠」によって取り巻かれている。これらはしかし，単に弥生時代の特徴を学ぶための教材としてのみでなく，次の古墳時代への連接に留意しながら扱う必要がある。

　環濠は，水稲耕作を中心とする集落に固有の境界施設である。大規模な環濠集落遺跡には，人口の集住，周辺小集落の存在，首長居宅や祭祀用の大型建造物の跡があり，出土物から金属器生産や遠隔地との物品交流がうかがわれる。このことから集落が政治的・経済的拠点性を帯びていると考えられる。

　さらに断面をV字形に深く掘削した環濠の周辺には，逆茂木を埋め込んでいるところから，外部からの攻撃を予測していたこと，つまり弥生時代には集落間の闘争があったことが示唆される。闘争の結果として生じた集団間の統合は，やがて各地に「クニ」を生み，古墳時代へと移行していくのである。

　指導要領における「内容の取扱い　(2)ウ」に例示されている人物で，この時期に該当するのは邪馬台国の女王「卑弥呼」である。『魏志倭人伝』によれば，3世紀前半，邪馬台国女王が魏に朝貢し，倭国王の証を意味する親魏倭王の金印を授けられた，卑弥呼が邪馬台国を治める以前は，諸国が戦争状態にあった，宮室は楼観や城柵を設けていた，卑弥呼の死亡時（248年頃）は，倭人は直径約180メートルもある大きな塚を作り，奴婢百余人を殉葬した，などといったことがわかる。まさに卑弥呼の事例は，我が国において王権が確立し，弥生から古墳時代へと，「ムラ」から「クニ」へと人間の社会集団が移行する状況を物語る最適な教材といえるだろう。

3　奈良から平安時代へ
——大陸文化受容と天皇中心の国家形成

（1）学習のポイント

この単元に相当する「学習指導要領」内容⑵ア（イ）には，次のようにある。

> （イ）　大陸文化の摂取，大化の改新，大仏造営の様子を手掛かりに，天皇を中心とした政治が確立されたことを理解すること。

すなわち，飛鳥時代から平安時代中期に至る我が国の中央集権国家形成期を取り扱い，大陸文化の大規模摂取による国家統治機構の転換と我が国独自の文化様式の萌芽を児童に見て取らせることが眼目となっている。

図表12-3　第6学年内容（2）のイ

学習テーマ	例示人物	史　　料
大陸文化の摂取	聖徳太子 小野妹子	肖像画，法隆寺，十七条憲法，冠位十二階（日本書紀など），東アジア地図など
大化の改新	中大兄皇子 中臣鎌足	平城京復元図，木簡，諸国物産図など
大仏造営	聖武天皇 行基 鑑真	奈良の大仏（大きさ，製造法，印相など），聖武天皇詔勅（続日本紀），正倉院御物，遣唐使船復元図，国分寺分布図など
貴族の暮らし	藤原道長 紫式部 清少納言	貴族の服装図（束帯，十二単など），物語絵巻，宇治平等院鳳凰堂，年中行事絵巻，平安京復元図，寝殿造り，崩し字一覧など

学習内容と，それらに対応する史料例は以下のとおりである。

この単元では，古墳時代終末の6世紀末以降，7世紀から平安時代の武士が勢力拡大の端緒につく12世紀初頭頃までの長大な期間を扱うことになる。古墳時代以前に比べると文献史料や遺跡・遺物の類も多く，歴史的事象も多岐にわたっている。それだけに，教材の精選は困難だがきわめて重要である。

重点的に扱うべきトピックと，軽く押さえておいて当座はよしとする部分との差異をよく考えなければならない。要は，時代の特徴を的確に表現し得

る教材を選択し，それらをいかに児童の興味・関心を促すように提示できるか，である。授業担当の教師自身がその価値判断を下すことが重要であり，それを可能にするためには，歴史的事象に関する深い知見をもち，単元目標の意味をよく分析したうえで授業計画の策定に臨むことが大前提なのである。以下では，時代の特徴を端的に表現する教材のあり方を検討する。

（2）大陸文化の摂取

　この小単元では，聖徳太子による大陸文化の積極的な摂取を通して，氏族制から律令制へと転換する過程を学ぶことをねらいとしている。

　律令制前夜としての古墳時代末期は，蘇我氏・物部氏をはじめとする有力豪族たちの力関係が時の政治の方向を左右する氏族制社会であった。そのなかでは天皇の権力はきわめて不安定なものであり，実際崇峻天皇は，蘇我馬子の手の者によって暗殺されている。こうした時代のなか，国家運営に理性的な秩序を与えようとしたのが，恐らくは厩戸皇子，後世聖徳太子として一般に知られる人物であったと思われる。

　現在の日本史学では「厩戸皇子」と「聖徳太子」の同一性や，「聖徳太子」の実在そのものに重大な疑義が示されている。それを念頭に置いたうえで，以下では便宜上，指導要領に則り「聖徳太子」という呼称を用いる。

　聖徳太子は574年，用明天皇の第2皇子として生まれた。蘇我稲目が母方の曽祖父，馬子は大叔父であり，血族的には濃厚に蘇我氏の影響下にあった。炊屋姫尊擁立派の蘇我馬子とともに軍を率いて，対抗勢力である物部守屋を討った後，太子は，即位した炊屋姫尊＝推古天皇の補佐に摂政として当たった。595年には高麗より来朝した僧慧慈を師として仏教を学ぶ。法隆寺をはじめとする諸寺の建造や，僧侶の保護，仏典の研究と注釈書の執筆，天皇に対する仏教講義など，太子の仏教に対する信仰の篤さはよく知られている。

　しかし，おそらくそれ以上に太子が心身を傾注して取り組んだ事業が大規模な文物の移入を通した東アジア文明圏への参加だったと思われる。当時は隋のみならず新羅や百済など朝鮮半島諸国との人的・物的交流が頻繁で，極東の辺地にあった我が国が大陸から大量に流入した文明の洗礼を受けていた

時期であった。607年には小野妹子を隋に遣わし，翌年隋皇帝の勅使を我が国に招来している。勅使の帰国に合わせて，8人の留学生を隋に派遣し，妹子は再び遣隋使としてこれに随行している。

　こうした東アジアにおける文化文明摂取の集大成の一つが，603〜604年における「冠位十二階」といった官僚制ヒエラルキーと，官僚の道徳的教化を目的とした「十七条憲法」の制定である。氏族の力でなく，個々人の才能と徳性を基準にする人材登用法であり，それまでの氏族の身分秩序を官僚制秩序に変換する基礎をなすものであった。この事績に表れているように，東アジア文明の力による法治国家の形成が，聖徳太子の志であったのであろう。

（3）大化の改新

　この小単元では，中大兄皇子と中臣鎌足による蘇我氏打倒以降の，律令体制の確立に至る政治の改革の動向を学ぶことをねらいとしている。それが指導要領でいわれる「天皇中心の新しい国づくり」である。

　聖徳太子が目指した法治主義による国家秩序の形成には，その運営規則集である膨大な律令格式の制定と，それらを国の津々浦々まで浸透させる強大な国家権力，そしてその運用を担う官僚が不可欠である。「大宝律令」や「養老律令」などに規定される「公地公民」の制や租庸調・雑徭（ぞうよう）などの税制，兵役などは，大和朝廷の版図にある諸国から物的・人的資源を中央へと集約しつつ，威令を津々浦々にまで浸透させるための仕組みの一端として理解することが必要である。近年この時代の有力な史料として注目されている「木簡」に記されている断片的記述もまた，こうした中央集権体制の産物なのである。

　聖徳太子の死後，中大兄皇子と中臣鎌足による「乙巳（いっし）の政変」，そして「大化の改新の詔」を経て，我が国は律令制に移行することになる。「律令制」とは，律令・格式に基づいた中央集権的な法治国家システムのことである。我が国の場合，それは当時の隋・唐の律令制度を模範として整備された国家統治制度であった。「律」とは今日でいう刑法，「令」は行政法と民法など，「格」とは，律令の規定の補足・改正条項，「式」は律令と格の施行細則を指している。その動きが本格化するのは天武天皇治世の「飛鳥浄御原令（あすかきよみはらりょう）」（689年）からであり，以後「大宝律令」（701年）から「延喜式」（927年）まで，幾度かの改正

がなされた。

　律令制下では地方の行政区分を「国」といい，その行政機関を国衙または国庁といった。国府（府中ともいう）は国衙の所在地，または国衙を中心とする都市のことである。律令制は前述のように中央集権体制であるから，国を治めるのは国造（土着豪族）ではなく，中央から派遣された国司である。

　このように高度に文明化された中央政権の象徴が，唐の都・長安に倣って造営した「平城京」であり，国土の歴史と地理とを天皇家を中心として掌握する事業としての記紀風土記編纂なのである。こうした中央集権的法治国家の成立にとって，どのような意味をもつのか，ということを判断基準として教材を選択するのが，この単元ではとくに必要である。

(4) 大仏造営

　上述した中央集権体制の完成の象徴的な事績が，聖武天皇による「大仏造営」である。この小単元では，一般に奈良の大仏として知られる「東大寺毘盧遮那仏」の建造過程やその像容に目を向けることによって，中央集権国家の仕組みがどのように全国的な規模で浸透していったか，そうした国家体制に仏教の発展はどのように関連しているのかを学ぶことを目的とする。

　聖武天皇が在位していた724年から749年にかけては，災害や疫病（天然痘）が多発した時代であった。そのため天皇は仏教に深く帰依し，743（天平15）年には東大寺盧舎那仏像の建立の詔を出している。

　東大寺の大仏は正しくは「毘盧遮那仏」といい，「華厳経」という経典の本尊である。「ビルシャナ」とは仏教の故地インドの神聖言語であるサンスクリット語で「太陽」を意味する。太陽がその光と熱の恵みを天上にあってあまねく地上に降り注ぐように，毘盧遮那仏の智恵の光は，すべての衆生を照らして，同時に毘盧遮那仏の宇宙は衆生で満たされている。史実の人物としての釈迦を超えた宇宙の原理そのものを体現した仏である（法身仏）。大仏の台座に描かれた線刻画は，この華厳経の世界観を表現したものである。

　この思想は大仏の像容にも表れている。大きさが強調されるが，それもまた宇宙の広大無辺さの表れである。着目すべきなのは光背である。光背は大仏の全身から溢れ出す光を造形化したものだが，よく見ると金色の楕円状の

光の中に16体の小さい「化仏」が付いている。化仏は大仏の全身から放射される光の粒子そのものである。また，大仏の右手は腕を上げて掌を見せる形をとっている。これを「施無畏印」といい，人々から畏れの心を取り除くという意味を表している。一方左手は掌を上にして膝の上に置く形であり，これを「与願印」という。人々の願いを受け入れて救いを与える形である。

　このように華厳経の教えを全身で体現し，宇宙の中心にあって説法をしつつその威光を全世界へと発散しているのが東大寺大仏である。聖武天皇は，大仏造営に先立つ741（天平13）年に国分寺建立の詔を発し，各国に七重塔を伴う寺院を建立させている。その多くは国府区域内か周辺に置かれ，国庁と並びその国の最大の建築物であった。大仏殿を擁する東大寺は総国分寺として，全国の国分寺の総本山と位置づけられた。国分寺に安置されている本尊は，まさに大仏の光背から飛来した無数の現し身（応身）なのである。

　こうした大事業が律令制完成期に7年もの工期（745〜752年）をかけ，一度は布教をめぐって反目する関係にあった僧・行基の協力すら請いつつ莫大な財を費やし，延べ260万人もの動員を得てなされたのは偶然ではない。中央に朝廷と東大寺，地方に国府と国分寺という，中央と地方との関係性を政治的・宗教的（両者ともに日本では「まつりごと」という）に体系づけるための最後の仕上げが，大仏造営事業であったと考えられるのである。

　大仏制作には，百済系渡来人の子孫・国中連公麻呂が大仏師として携わり，参列者1万数千人に及ぶ開眼供養会（752年）には，聖武太上天皇（すでに譲位していた），光明皇太后，孝謙天皇をはじめとする要人が列席し，開眼導師はインド出身の僧・菩提僊那が担当し，中国伝来である伎楽（呉楽）が興を添えた。まさに当時の東アジア文明の結集を見るかの如くである。後の鑑真の苦難の果ての来日，そして正倉院に納められた莫大な御物にみられる全アジア的文物の集積は，律令制という文明を自らのものにした我が国が，アジアのグローバル社会の一員であることを，世界に示した事績といえる。教材としての大仏造営には，こうした観点が必要なのである。

（5）貴族の生活

　大仏造営を頂点とする奈良時代は，桓武天皇による平城京から平安京への

遷都によって終焉を迎える。次の平安時代(794〜1185/1192年)は，そこから鎌倉幕府が成立するまでの約390年間を指す時代区分である。

　ここまで，各時代の政治的動向を中心に国づくりのあり方を見て来た小学校社会科であったが，この小単元では平安朝における国家体制に焦点を当てていない。この時代には，藤原摂関政治や院政をめぐってあやなす複雑で激しい政治的闘争，土地支配制度の変化，各地で起きた叛乱や戦乱など，見るべきものは山のようにある。しかし現行学習指導要領の大綱主義的な見地からすれば，その事象の多様さ・複雑さの度が過ぎるということであろう。

　したがって，本単元でこの平安時代を取りあげる場合，そのテーマは「国風文化の発展」に絞られる。その際政治の動向は，間接的に国風文化を育む環境をつくったと目される摂関政治について簡単に触れる程度に留められる。

　摂関政治とは，平安期に藤原氏(北家)が代々摂政や関白となって，天皇の代理者，または補佐者として実権を独占し続けた政治形態である。その権力掌握の政治手法は，(1)ほかの有力貴族の失脚を画策し，藤原北家への対抗力を削ぐこと(他氏排斥)。(2)天皇に娘を嫁がせ子を産ませ，外祖父として発言力を強化すること(外戚政治)であった。こうした摂関政治の最盛期を代表するのが藤原道長(966〜1028年)である。

　国風文化は，まさにこの藤原摂関政治が開花した10世紀初頭から11世紀にかけて発展した我が国の文化様式で，大陸の強い影響下にあった奈良時代の唐風文化に対して，国風(和風)と呼称されている。有職故実の正当な源流とされ，現在にまで至る日本文化の祖型の一つを成している。

　実際の授業展開にあたっては，断片的知識の列挙は何としても慎みたいところである。一応の知識として国風文化の文物の数々に目を通しておくことにも意味はあるが，むしろ押さえるべきなのは，そうした国風文化の形成要因と，現代の生活との連接，という2点であろう。

　国風文化発展の要因の一つとして考えられるのは，道長をはじめとする藤原摂関家の外戚政策にともなう，有能な女房の宮中入りである。摂関家は子女を入内させると，天皇の歓心を得るために主として中級貴族の子女を選抜し，女房として近侍させた。そのため中級貴族たちは子女の教育に力を尽くした。その中から紫式部，清少納言などによる多くの女房文学が生まれるこ

ととなったのである。さらに摂関家への寄進地系荘園の集中による莫大な財力を背景とした建築や美術への資金投下もまた，大きな貢献となった。

　国風文化とされる文物は，文学(仮名文字の発明，詩歌，物語文学，日記文学など)や服装(男性の束帯，女性の十二単など)，宗教(阿弥陀信仰，御霊信仰，本地垂迹説，熊野詣，陰陽道など)，建築(寝殿造りの邸宅，阿弥陀堂などの仏教建築)，彫刻(寄せ木造り)，絵画(大和絵，物語絵巻，阿弥陀来迎図など)，工芸(刀剣など)等々その範囲も広く，代表的な文物もきわめて多い。そのすべてを網羅的に扱うのではなく，現代の我々の生活においてもなお見聞できるような事例を中心に扱うようにしたい。あるいは，個々の児童の興味・関心に合わせて自由に選択のうえ，調べ学習とその成果発表の機会を与えるのもよいだろう。

確認問題

1　自分の居住している地域，またはその近隣にある縄文・弥生・古墳時代(あるいはその相当時期)の遺跡や遺物を調べ，教材としてどのように用いたら効果的か考えよう。
2　興福寺阿修羅像など，奈良時代に作られた寺院や仏像を調べ，教材としてどのように用いたら効果的かを考えよう。
3　平安時代の国風文化に属する文物の中から，もっとも興味のあるものを1つ選んで，その背景を調べ，教材としてどのように用いたら効果的かを考えよう。

より深く学習するための参考文献
・池田亀鑑『平安朝の生活と文学(ちくま学芸文庫)』筑摩書房，2012年
・大津透『道長と宮廷社会　日本の歴史06(講談社学術文庫)』講談社，2009年
・岡村道雄『縄文の生活誌　日本の歴史01(講談社学術文庫)』講談社，2008年
・岡村道雄『日本の考古学』奈良文化財研究所編集，学生社，2007年
・E．H．カー『歴史とは何か』清水幾太郎訳，岩波書店，1962年
・角田文衛『平安の春(講談社学術文庫)』講談社，1999年
・熊谷公男『大王から天皇へ　日本の歴史03(講談社学術文庫)』講談社，2008年
・坂上康俊『律令国家の転換と「日本」日本の歴史05(講談社学術文庫)』講談社，2009年
・佐藤洋一郎監修，木村栄美編『ユーラシア農耕史4　さまざまな栽培植物と農耕文化』臨川書

　店，2009年
・寺沢薫『王権誕生　日本の歴史02（講談社学術文庫）』講談社，2008年
・西村公朝『仏の世界観──仏像造形の条件』吉川弘文館，1979年
・木簡学会編『木簡から古代がみえる（岩波新書）』岩波書店，2010年
・渡辺晃宏『平城京と木簡の世紀　日本の歴史04（講談社学術文庫）』講談社，2009年

神話の効用

column

　　小学校社会科における古代史の学習には，記紀・風土記など，我
が国律令体制期初頭の8世紀に編纂された文献を使用することを，
現行学習指導要領では推奨している。神話などには児童が興味をもちやすい物
語が多く見られるので，歴史学習に対する親しみがいっそう増すだろうとの期
待が込められている。

　しかし，神話・伝説の類いを歴史教育において用いる場合，その扱いには周
到な配慮が必要である。『古事記』や『日本書紀』は確かに歴史書と銘打たれ
ているが，その編纂過程にも記述内容にも，当時の天皇家をはじめとしてさま
ざまな豪族の思惑が色濃く反映している。編年体で記述し，異説併記という一
見客観性の高いスタイルを取っている『日本書紀』においても，とくに編纂主
体である国家の正統性を打ち出すような政治的思惑が透けて見えるところがあ
る。したがって，神話の叙述をストレートに史実とするわけにいかない。神話
はまずなによりも，ある社会に生きる人々が思い描く世界や人の起源に対する
イマジネーションの集大成なのである。

　それにもかかわらず，神話の原質には何らかの史実を示唆するものがないわ
けではない。たとえば，出雲神話。大黒様の名で現在でもよく知られている大
國主神（大穴牟遲神）。かの出雲大社の主祭神が稻羽の素菟と出会った旅路は，
そもそも因幡の国（現在の鳥取県）の八上比賣に求愛をしにいく途上であった。
大國主はまた，越國糸魚川地方（現在の新潟県）の沼河比賣にも求婚している。
天孫降臨の準備を整えるため，出雲の大國主に服属を迫った建御雷之男神（現
在の鹿島神宮の主祭神）との激しい闘争の末に，敗北した建御名方神（現在の諏
訪大社の祭神）が逃亡したのは信濃の国の諏訪湖であった。このような説話は，
史実そのものでないにせよ，古代日本社会における山陰と北陸・中部との何ら
かの政治・経済的交渉や，日本海文化圏の存在が示唆されているのではないか
と考えられる。実際，出雲大社本殿裏の真名井遺跡から出土した，最高品質の
翡翠の勾玉が，新潟県糸魚川流域を産地としたことがわかっている。この種の
事例は日本神話中に枚挙に暇がない。

　このように，神話は歴史学的想像力を掻き立ててくれるという意味で，小学
校の歴史学習においても効果の期待できる素材なのである。

第 13 章

平安時代末期から室町時代の歴史

　この単元のねらいは，平安時代末期から鎌倉時代を経て室町時代へと至る我が国中世の歴史において，武士という新しい社会階層の存在様態，源平争乱と元寇という2つの大きな社会危機を契機とした鎌倉武家政権の成立と崩壊の諸相，そして室町幕府の文化政策と一般民衆層の台頭によってもたらされた室町文化のすがたを学ぶことにある。児童には，絵画や文化財，その他各種資料を駆使した調べ学習を通して，歴史学習の意味を考えつつ，我が国の歴史に対する関心を高めることが期待される。

キーワード

　　武家政治　源平争乱　鎌倉幕府　元寇　室町幕府　室町文化

1　歴史を学ぶために（その2）

　小学校段階の歴史教育においてどうしても悩ましいのは，その大綱主義の加減である。度が過ぎた大綱主義は，かえって事象間のつながりに関する子どもたちの思考の余地を縮小し，ひいては歴史についてのものの見方を損ないかねない。一方，過度に詳細な歴史事象の記述と教師のマニアックな解説が，児童の関心の所在と大幅にずれたり，児童の間に興味・関心や理解の度合いにばらつきを生み，学習意欲の減退をもたらす危険性が高いというのは，確かに心がけておくべきことである。

　そもそもこの単元で扱われる中世史は，数々の戦乱で満ち満ちている。戦乱という事象はきわめて多数の事象が錯綜して成り立っており，その理解はきわめて困難である。それゆえ歴史教育における戦乱の扱いには，児童の理解の進度，発達のあり方を幾重にも考慮しなければならない。現行指導要領における小学校歴史教育が，その細部にまで至ることなく，また取りあげる歴史事象自体も削減を重ねて最小限に絞り込んでいるのはこうした理由によるのだろう。

　その一方，採用する歴史事象をどのように選択するかもまた重要な課題である。武士の台頭の前提としては，藤原摂関政治と院政による権力の寡占化や，土地支配制度の混乱，数々の地方叛乱などを考慮しなければならないが，その辺りの扱いをどの程度にするかは大きな課題である。

　したがって，こうした大綱と詳細の溝を埋めるためには，子どもたちを目の前にして授業を担当する教師の，「史実を教材化する」という主体的な研究姿勢が不可欠である。史実はそれだけでは教材となり得ない。史実を歴史教育の素材とするのは，授業目標の存在である。何らかの授業目標をかなえるために，史実の中からもっとも適切なものを選択し，組織立てて初めて教材が姿を現すのである。そうした選択を可能にするだけの素養が，授業担当者には必要である。それはつまり，教師自身がその時代その事象について，深い洞察を得るべく学習と研究とを重ねなければならないということを意味する。教科書所載の範囲内での知識と理解を得ているだけではどうにもならない。

　そうした基礎的な素養を踏まえたうえで，実際の授業計画策定においては，単元ごとのねらいは何か，そのねらいにとって核心となる歴史的事象と関連する人物，そして遺跡・遺物・遺産の類いは何なのかを周到に研究し，計画を立てることが必要となる。そのようにして選択された教材が，中心となるテーマとどのような「関係」で結ばれるかを明確にしてから，単元指導計画や学習指導案の作成段階に進まなければならないのである。対象となる時代の歴史を構造化する作業である。こうした一連の過程こそが，「教材研究」の名に値するのだということを，常に心に留めておきたいものである。

2 武士政権のはじまり——源平争乱から鎌倉幕府まで

(1) 学習のポイント

この小単元に相当する「小学校学習指導要領 社会」内容(2)のア (エ) は次のとおりである。

> (エ) 源平の戦い，鎌倉幕府の始まり，元との戦いを手掛かりに，武士による政治が始まったことを理解すること。

すなわち，平安末期における中央集権的律令制の崩壊から，武家による地方分権体制への転換の様態と理由を，鎌倉幕府の成立と展開，そして衰退へと至る一連の歴史的推移を通して児童に考えさせることがねらいである。

学習内容と，それらに対応する史料例は以下のとおりである。

図表13-1 第6学年内容 (2) の (エ)

学習テーマ	例示人物	史 料
武士とその暮らし		武士の館想像図 (平安貴族の屋敷想像図との対比)，保元・平治合戦図屏風など
武家政権の始まり	平清盛	平家納経，厳島神社など
源平争乱と鎌倉幕府の開設	源頼朝 源義経	源平合戦図，源平合戦位置図，鎌倉幕府周辺図，鎌倉街道図，鎌倉幕府の職制図
元寇 (文永・弘安の役)	北条時宗	蒙古襲来絵詞，全国の武士動員，武士の闘い方，博多湾岸防塁跡，元軍進路図

歴史学上の時代区分からすると，「中世」に相当する時代の前期である。日本の歴史学における中世という時代区分については，諸説が多い。もっとも一般的なのは，その始まりを平氏政権の成立(平安時代末期)からとし，安土桃山時代(戦国末期)までを「中世」とするものである。武家政権による支配，強力な中央政権(あるいは連邦政権)の未成立，荘園制度の崩壊を特徴としている。したがって，この時代についての理解を培っていくためには，まずは「武士」という存在そのものに触れておくことが重要である。

（2）武士の発生

　「武士」という新しい社会階層の出現が，この時代を特徴付ける最大のポイントだろう。武士の起源に関しては諸説があるが，主要な学説としては「在地領主論」「職能論」「国衙軍制論」の３つを挙げることができる。

　「在地領主論」とは，抵抗する配下の農奴と介入する受領に対抗するために，武装した私営田の開発領主とその一党を武士とする立場である。国司などとして中央から派遣された下級貴族・官人層を棟梁として推戴することによって武士団として組織化され，さらに大規模な組織化のために，桓武平氏や清和源氏といった皇族出身貴族を棟梁として担ぐようになったという。

　「職能論」は，在地領主論では説明不能だった武士団主要メンバーとしての平氏，源氏，藤原氏起源の上級武士など，在京の軍事貴族こそが武士の起源であるとする立場である。彼らが平安後期の荘園公領制成立期から，荘園領主や国衙と結びついて所領経営者として発展していったと見ている。

　「国衙軍制論」は，律令制下での国衙軍制に起源を求める説である。10〜12世紀に地方行政機関としての国衙から，群盗や海賊，叛乱の追捕・鎮圧のための任命を受け，功績のあった地方軍事・警察指揮官である国押領使・警護使が最初期の武士の起源であるとする。

　承平天慶の乱（平将門の乱・藤原純友の乱）の鎮圧において勲功を挙げた武士たちは，朝廷によって中・下流貴族に相当する五位・六位といった官位を受けた。受領のもとで作成された名簿である「武士交名」に登載されている武士たちは，そのような勲功者もしくはその子孫であって，武芸を世襲している者たちであった。すなわち武士とは，「武芸者として国衙に承認された者」を指したのである。各国受領は，軍事的能力を有する武士身分の者に公領の経営と治安維持を委任することで，その維持を図った。武士たちは，受領から委任された徴税権・検断権・勧農権などを根拠として，在地領主へと成長していき，婚姻関係を通じて武士団と呼ばれる結合関係を構築していった。

　このように，武士と土地の所有・支配とはきわめて強い関係で結ばれている。教科書に掲載されている武士の館想像図は，おそらく千葉県佐倉市にある国立歴史民俗博物館所蔵のジオラマ模型をモデルにしたものであろうが，そこから児童に読み取ってもらいたいのは「一所懸命」に土地を開墾し，維持

し，そして外敵から防衛することに専心した武士の意識のあり方である。

（3）武家政権の始まり

　保元・平治の乱は政治抗争が武力で解決されることを示した歴史的な事件
だった。その意味で武家政権誕生の直接のきっかけとなった重要な歴史的事
象といえる。簡単であっても，この小単元ではぜひとも触れておきたい。

　寺社の強訴阻止を主目的として白河法皇に創設された警護機関「北面の武
士」は，摂関家に伺候していた平氏・源氏らの軍事貴族を取り込んだ。これ
は鳥羽法皇に引き継がれて，保元の乱の後白河天皇方主力となる。このとき，
鳥羽法皇の北面の武士だったのが，源為義（為朝・義朝兄弟の父）・平清盛ら北
面武士10名である。

　保元の乱は，平安時代末期の1156（保元元）年7月に皇位継承問題や摂関家
の内紛により朝廷が後白河天皇方と崇徳上皇方に分裂し，双方の武力衝突に
至った政変である。崇徳上皇・左大臣藤原頼長方の敗北後，敗者側の武士に
対しては厳罰が下された。武力行使による政治問題解決は，まさに実力主義
の中世という時代の到来を予感させるものとなった。

　保元の乱の後，二条天皇親政派と後白河院政派の争い，急速に勢力を伸ば
した藤原信西への反感など，流動的な政局が平治の乱の土壌となる。平氏一
門は北面武士の中で最大兵力を有していたが，乱後には4カ国の受領を占め
てさらに勢力を拡大した。さらに清盛は大宰大弐に就任することで日宋貿易
に深く関与することになり，経済的実力を高めた。一方院政派は源義朝を配
下に収め，軍事的な力を有するようになっていく。

　1159（平治元）年，後白河上皇の側近で，反信西派の首魁であった藤原信頼
が首謀者となり，清盛が熊野参詣に赴き京都に軍事的空白が生まれた隙をつ
き，院御所の三条殿を襲撃するクーデターを決行した。信西は抗し得ず自害
し，首は獄門に晒された。しかし，二条天皇側近らの画策で天皇は六波羅の
平清盛邸へと移り，官軍となった平氏が賊軍となった信頼らのいる大内裏へ
と攻め寄せた。この戦いで信頼側についた源義朝軍は敗走し，首謀者たちは
命を取られた。義朝の子頼朝も処刑されるところを，清盛の継母・池禅尼の
嘆願で助命され，伊豆国の蛭ヶ小島に配流となった。

　合戦終息後の莫大な恩賞は，平氏一門だけでなく郎等にも及び，その経済基盤もほかから抜きん出たものとなった。さらに一門は朝廷の要職へと抜擢され，政治への影響力を高めた。また多くの軍貴族が戦乱で淘汰されたため，京都の治安維持・地方反乱の鎮圧・荘園の管理の役割も平氏の独占するところとなり，国家的な軍事・警察権も事実上掌握した。こうした状況において，平家一門の棟梁である清盛は，1160（永暦元）年，正三位参議に補任され，武士として初めて公卿の地位へ上った。その後昇進を重ね1166（仁安元）年に内大臣へ昇進，さらに翌年には太政大臣となった。大臣への昇進は摂関家などに限られていて，清盛の昇進は未曽有のものだった。一門からも公卿・殿上人が輩出した。

　このように，政治における武力の優位性の増大，後白河との強い連携と大臣補任による朝廷内での主導的地位の確立，日宋貿易や集積した所領に基盤をおいた莫大な経済力，西国武士や瀬戸内海の水軍を中心とする軍事力などを背景として，1160年代後期に平氏政権が樹立されたと考えるのが一説である。一方，清盛による後白河法皇の幽閉と側近たちの全面的解任という事実上の軍事力による朝廷の制圧と目される「治承3年の政変」こそが，武家政権としての平氏による武家政権の確立であるとの見解もある。

　こうした経緯を踏まえると，鎌倉幕府開設をもって武家政権の樹立とするのは，いかにも単純化が過ぎることがわかる。注目すべきは武士という新しい社会階層の既存勢力からの自立である。教材として扱う場合のポイントも，まさにこの「自立」にあるといってよいだろう。

（4）源平争乱と鎌倉幕府の開設

　清盛をはじめとする平氏一門の権力独占と反対勢力に対する容赦のない追及は，反清盛・反平氏の気運を高めた。1180（治承4）年4月には以仁王（後白河の第3皇子）が平氏追討の令旨を発し，源頼政とともに挙兵した。治承・寿永の乱，一般に「源平の戦い」または「源平合戦」として知られる，以後6年間にわたる大規模な争乱の幕開けである。しかし清盛は迅速に対応し，平氏軍は以仁王と頼政を敗死へ追い込んだ。事後，清盛は平氏にとって地勢的に不利な京都からの遷都を目指して福原行幸を決行した。ところが高倉上

皇が平安京を放棄しない意向を示すなど，この遷都計画は貴族らにきわめて不評であり，朝廷内部にも清盛への反感が募っていった。

　さらに，以仁王の令旨を受けて，東国の源頼朝，木曽義仲，武田信義らが相次いで反平氏の兵を挙げ，さらに全国の反平氏派の武士団もそれに呼応した行動を開始していた。こうした大規模な叛乱の動機は，平氏が現地勢力を軽視し，一門を優先して知行国や所領の支配に当たらせていたことへの反発だと考えられる。とくに上総・相模では，頼朝の下に武士たちが短期間のうちに集結し一大勢力となっていた。

　1181（治承5）年1月，清盛は伊勢周辺の水軍に動員をかけて，反平氏勢力の追討に意欲を燃やしていたが，同年閏2月に熱病で急死し，平氏政権は大きな打撃を受けた。1183（寿永2）年7月に木曽義仲の軍が北陸から一気に京へ進軍すると，義仲軍に主力を壊滅させられていた平氏は，ついに安徳天皇を伴って京を脱出し屋島にたどり着いた。

　一進一退の攻防を経て，平氏は西国の諸勢力を組織して戦争にあたっていたが，1185（元暦2）年3月，関門海峡での最終決戦（壇ノ浦の戦い）で義朝の九男で頼朝の弟である稀代の戦闘指揮官・源義経の軍に敗れて滅亡し，平氏政権は名実ともに消滅したのである。なお，義経のエピソードは物語としては興味深く，児童の関心を惹き付ける効果はあるが，武家政権樹立に至る流れにおいては評価が分かれる。授業での扱いは慎重に検討したほうがよい。

　こうした平氏追討が進行していく過程で，源頼朝自身は関東を動かず，政権の基盤固めに専念していた。その結果として創設されたのが，武家政権としての鎌倉幕府である。頼朝は武家政権の成立を明確に宣言したわけではなく，それゆえ，成立時期については諸説がある。かつては，鎌倉幕府は，1192（建久3）年に源頼朝が征夷大将軍に任官して始まったとされていたが，頼朝の権力・統治機構はそれ以前から存続しており，ある一時期をもって成立したと見るのではなく，徐々に数段階を経て成立したとする見解が支配的である。また，「日本で初の武家政権」とされたこともあったが，今では平氏政権に次ぐ武家政権と位置づけられている。

　鎌倉幕府がその武家政権としての体制を整えるまでには，次の6つの段階を経ている。

＊1180（治承4）年，鎌倉の大倉郷に頼朝の邸となる大倉御所，および幕府の統治機構の原型ともいうべき侍所が設置された。

＊1183（寿永2）年，朝廷は頼朝に対し，東国における荘園・公領からの官物・年貢納入を保証させると同時に，頼朝による東国支配権を公認した。

＊1184（元暦元）年，頼朝は公文所および問注所を開設した。

＊1185（文治元）年，朝廷は，頼朝へ諸国への守護・地頭職の設置・任免を許可した。

＊1190（建久元）年，頼朝が朝廷によって権大納言兼右近衛大将，日本国総守護地頭に任命され公卿に列し荘園領主の家政機関である政所開設の権を得，鎌倉の政権は，統治機構としての合法性を帯びるに至る。

＊1192（建久3）年，後白河法皇の崩御に伴い，朝廷から征夷大将軍の宣下がなされた。戦時において全国の兵馬を動員できるというその非常大権は，幕府の主宰者に結果として世襲されていく。

　守護の設置で諸国の治安維持を幕府は担当したものの，その支配は限定的で東国を中心としており，西国や九州では幕府の力は及んでいたものの弱い面があった。全国的な支配権を確立するに至ったのは，幕府の実権を執権の北条氏が掌握した後，承久の乱や元寇などを経てのことである。

　鎌倉幕府を開いた頼朝は各地の武士団を統べる名門中の名門であり，武士たちは，「鎌倉殿」（＝将軍）の家人となることで，鎌倉幕府の構成員，すなわち御家人となった。鎌倉殿と御家人の主従関係は，御恩と奉公と呼ばれる互恵関係によって保持された。御恩とは，鎌倉殿が御家人の所領支配を保証し，または新たな土地給与を行うことをいう。奉公とは，御家人が鎌倉殿に対して負担する軍役・経済負担などをいう。具体的には，「いざ鎌倉」などに代表される緊急時の軍役，内裏の警護である京都大番役，幕府の警護である鎌倉番役，という形で行われ，また関東御公事といわれる経済負担もあった。以上のように，互恵的関係で両者は結ばれていた。

　教科書や資料集では，鎌倉に幕府が置かれた当時の俯瞰図を教材として掲

載している。この図で見るべきなのは、鎌倉の都市計画がいかに軍事動員と防衛とを意識してなされたかであろう。鶴岡八幡宮から真っ直ぐ由比ケ浜に向けて通る若宮大路、各所に掘削された切通し、四方へ延伸する街道等々、関東各地に今も残る鎌倉街道とともに、こうした都市構造の要素一つひとつの意味を児童に考えさせたいものである。

(5) 元寇（文永・弘安の役）

　北条氏が幕府の実権を掌握した後、北条泰時は連署・評定衆による集団指導体制の推進と、御成敗式目と呼ばれる武家法典の成立を果たした。それによって、幕府における北条執権政治体制は確立していった。

　第8代執権北条時宗が職にあった1268（文永5）年、モンゴル帝国（蒙古）第5代大ハーンのクビライが高麗を通して朝貢を要求してきた。朝廷は対応を幕府へ一任し、幕府は回答しないことを決定、西国の防御を固めることとした。その後2回国書が届いても、幕府は当初の方針どおり黙殺を選んだ。

　モンゴルから国号を改めた元は、1274（文永11）年10月に九州北部を襲撃したが、鎌倉武士の頑強な抵抗に遭ったため、元軍は夜間に強行撤退し、帰還途中に暴風雨を受けて大損害を被った。これを文永の役という。

　文永の役後、幕府は石築地（元寇防塁。高さ・幅は平均2メートル、総延長は、西は現在の福岡市西区今津から東の福岡市東区香椎までの約20キロメートルに及ぶ）の建設や輪番制の異国警固番役の設置など博多湾の防備を強化したが、しかしこの戦いで日本側が物質的に得たものはなく、恩賞は御家人たちを不満にしたとされる。後にこの戦役の第1級史料である「蒙古襲来絵詞」を描かせた竹崎季長は、鎌倉まで赴いて直接幕府へ訴え出て、恩賞を得ている。なお、「蒙古襲来絵詞」は、大変有用性の高い史料なので、教科書や資料集掲載分だけでなく、ぜひとも教師自身がその他の部分に目を通して教材化したいものである。九州大学附属図書館の「日本古典籍画像データベース」で全画像が閲覧可能なので、検索してみてほしい。

　元は1281（弘安4）年、九州北部を中心に再び日本へ侵攻した。このときは2カ月近くにわたる日本軍の頑強な抵抗に遭い、侵攻が停滞していたところに台風により大被害を受ける。さらに日本軍による総攻撃を受けて元軍は壊

滅した。これを弘安の役という。前回の襲来と併せて元寇と呼ばれている。

　弘安の役後，幕府は元軍の再度の襲来に備えて御家人の統制を進めたが，この戦争に対しても十分な恩賞給与がなされなかった。また，九州北部周辺へ動員された異国警固番役も鎌倉時代末期まで継続されたため，戦費で窮迫した御家人たちは借金に苦しむようになった。これが鎌倉幕府滅亡の遠因の一つとなったとされている。

　上述のように，保元・平治の乱を経て平家による政権の樹立と争乱の果ての滅亡といった統治体制の激変期が，我が国中世の幕開けである。鎌倉政権による守護・地頭の任命に伴う分権的統治機構が全国に及ぶに至り，前代の律令制・王朝制の中央集権体制は，制度自体のほころびや経済的基盤の喪失が原因で解体，あるいは有名無実化していった。こうした集権から分権へ，という大きな流れこそ，本単元の最大の眼目であるといってよいだろう。

3　室町文化の開花

(1) 学習のポイント

　この小単元に相当する「学習指導要領」内容(2)のア（オ）は次のとおりである。

　　（オ）　京都の室町に幕府が置かれた頃の代表的な建造物や絵画を手掛かりに，今日の生活文化につながる室町文化が生まれたことを理解すること。

　すなわち，室町幕府が確立した時期の文化政策と一般民衆層の台頭によって一大発展を見た室町文化の諸相を，代表的建造物や絵画，芸能などを通して学び，それらが現代日本文化の重要な祖型となっていることを児童に理解させることがねらいである。

　学習内容と，それらに対応する史料例は以下のとおりである。

　指導要領におけるこの時代の扱いは，まったくもって文化史に特化されており，文化が育まれた基盤としての室町幕府の性格にはほとんど触れられて

図表13-2　第6学年内容（2）の（オ）

学習テーマ	例示人物	史　料
建築と造園	足利義満 足利義政	金閣・銀閣（写真），銀閣寺東求堂（書院造り），竜安寺石庭
絵画・芸能など	雪舟	天橋立図，能楽図，茶の湯，生け花
民衆の台頭		月次風俗図屏風，洛中洛外図屏風，祇園祭礼図屏風，渋川版御伽草子挿絵

いない。しかしそれでは，室町時代の文化の様態をただ史実として確認するだけで，歴史学習にとってもっとも重要な前代からの因果関係は不問に付されてしまう。「なぜそのような文化が栄えたのか」という問題意識を大切にするためにも，詳細に立ち入ることは慎みつつも，簡単にこの時代の政治的側面について触れておきたいところである。

（2）室町幕府の成立──文化興隆の前提として

　室町幕府は，鎌倉幕府滅亡後に足利尊氏が京都において創始した武家政権である。その名は3代将軍足利義満が京都北小路室町（現在の今出川通と室町通が交わる付近）に造営した花の御所（室町殿）に由来する。足利幕府ともいう。成立時期は，建武式目によって新政権の施政方針が示された1336（建武3）年と，尊氏が北朝の光明天皇によって征夷大将軍に補任された1338（暦応元）年までの間とするのが妥当である。

　前節で述べたように，鎌倉時代の将軍は全国の御家人と個々に主従関係を結び，所領（すなわち地頭職）を安堵する立場にあり，守護は任国の軍事・刑事の長であり，国内の御家人の監督者に過ぎなかった。これに対して室町幕府の守護職の権限は名実ともにかなり大きく，幕府は守護大名による合議制・連合政権であったと考えられている。長期の南北朝内乱の間に，守護はその権限を拡大し，地域差があるものの，任国内の領主層の武士（国人）を被官化するなどして，任国の管理者から領国支配者，後に「大名」と呼ばれる存在へと変質していく。これによって将軍の諸国武士・所領に対する支配は相当後退し，おもに守護を通じて全国支配を行う体制となった。

　室町文化の興隆を理解するために押さえておきたいことは，幕府の財政基

盤である。室町幕府の財政は幕府直轄の御料所からの収入が主であったが，南北朝の戦乱のために，次第に土地からの収入が減少していった。このため，さまざまな課税方式を採用して莫大な税徴収を行った。たとえば商人に対しては特権や保護の代償に営業税などを取り，各港からの津料（港湾使用料），関所からの関銭（通行税）も徴収された。

　室町文化の隆盛にとって，日明貿易が文化的・経済的に果たした役割はひじょうに大きい。3代将軍の足利義満は，1401（応永8）年，博多商人肥富と僧祖阿を明へ遣明使として派遣した。両者は翌年に明の国書を持ち帰国する。これによって日本と明の間に国交と通商の合意が成立した。明との貿易の際に，倭寇と区別し正式な遣明使船であることが確認できるよう勘合符を使用したことから「勘合貿易」とも呼ばれる。これによって貿易そのものや抽分銭（輸入税）による収益を幕府収入とすることができた。以後1401（応永8）年から1549（天文18）年まで，19回にわたり交易が行われる。貿易の回数が限られていたために収入は臨時的であったが，1回の貿易でほかの税収の数年分の収益があったとされている。日本からの輸出品目としては硫黄，銅などの鉱物，扇子，刀剣，漆器や屏風などがあり，明からの輸入品としては，明銭（永楽通宝），生糸，織物，書物，書画骨董などがあったという。

（3）室町時代の武家文化

　この時代，足利将軍家を中心に有力守護をはじめとする上級武士が京都に多く在住し，伝統的な公家文化と盛んに接触した。また明との交易によって当時の大陸文化が伝来すると，武家はその影響を受けながらも，本来の質実剛健さと公家文化の伝統美を融合させ，新しい武家文化を開花させた。

　室町文化には2つの画期がある。14世紀末3代将軍義満の時代に興隆した北山文化と，15世紀末8代将軍義政の時代に興った東山文化がそれである。

　3代将軍足利義満の時期の文化は，大陸文化と日本文化，公家文化と武家文化など諸文化の融合が活発に行われたものである。3代将軍義満は京都の北山に壮麗な山荘をつくったが，そこに建てられた金閣の建築様式は，公家社会に伝統的な寝殿造風と鎌倉期より武士が愛好した禅宗寺院における禅宗様を折衷したものである。時代の特徴を端的に表しているため，この時代の

文化を北山文化と呼称している。

　8代将軍足利義政の時期の文化は，禅の精神にもとづく簡素さ，枯淡の味わいと伝統文化における風雅，幽玄，侘を精神的基調とする。北山文化で開花した室町時代の文化は，その芸術性が生活文化のなかにとり込まれ，新しい独自の文化として根づいていった。それを象徴しているのが，義政が応仁の乱後，京都の東山の山荘に祖父義満にならって建てた銀閣である。それゆえこの時期の文化は，東山文化と呼ばれている。後の能楽，日本庭園，茶道や華道など，現代に至るまで日本文化の代表格となっているものはこの時期にその基盤を固めたといってよいだろう。

(4) 建築と造園

　建築においては，禅宗の寺院建築や庭園が最盛期を迎え，その技術的影響は建築の全領域に及んだ。武家階級の住宅では，禅宗様の影響色の濃い書院造りと呼ばれる洗練された建築様式が生まれた。

　書院造とは，平安時代の貴族の住宅様式である寝殿を中心とした寝殿造に対して，書院を建物の中心にした武家住宅の形式のことである。かつては「武家造」とも呼ばれたように，中世以降，武士の住居が発展するなかで生まれた。

　ごく私的な空間としての「書院」の原型は，足利義政が1485（文明17）年に慈照寺（銀閣寺）の東求堂に造った「同仁斎」に見ることができる。これは4畳半の小さな書斎だが，付書院と棚を備えたものである。その後書院造りの主室には，必ず畳を敷いた2畳程度のスペースを書院として設け，書見のための造りつけの机を置きその正面には南に向けて明かり採りの窓「書院窓」を開け，傍らには書物や硯を置く棚も設けられた。後にこの書院は，物飾りのスペースであった押し板と一体化して座敷の「床の間」となる。

　寝殿造では十分でなかった間仕切りが書院造では大いに発達し，連なる畳を敷き詰めた室（座敷）を引き違いの建具である「襖」によって仕切り，床には高低差を付け，1段高い主室を上段，低い室を下段と呼び席による階級差を明瞭に示すようになる。寝殿造では円柱であった柱がここでは面取り角柱となる。外回りでは横に桟の入った舞良戸を多用し，それに併置して明かり

障子が設けられた。連なった室の南側には畳を敷いた廊下である「入り側」が設けられ，さらにその外側には濡れ縁である「落ち縁」が設けられた。

　このように，座敷，床の間，付書院，棚，角柱，襖，障子，雨戸，縁側などという現代和風住宅を特徴付けるすべての要素を見ることができる。まさに現代住宅の原型といえる。児童たちの知っている住居に，書院造りの特徴を当てはめさせてみるのも，学習の動機付けとして有効であろう。

　庭園文化が花開いたのも，室町時代の特徴である。3代将軍足利義満は1397（応永4）年に北山山荘の地を譲り受け，山荘北山第を営み，3層楼閣の舎利殿（金閣）を建立した。金閣は庭の中心をなす建物で池に臨んで建てられ，楼閣からの俯瞰という新たな視点を生み出しているとされる。庭園は龍門瀑や広大な鏡湖池，池中の大小の島々や岩島・九山八海石を配したものであった。義満の死後，鹿苑寺（金閣寺）となった。

　室町時代から，後に宗匠千利休を生む堺や京都の町衆の間で「下々の楽しみ」としての茶の湯が流行した。禅の「一期一会」の教えに則り，茶を飲み茶器を鑑賞しあうことで，主客の融合をはかったのである。茶の湯は数寄と呼ばれ，市中の山居（隠遁者の住居）で営まれる。それは町屋の奥まったところに位置し，客人は玄関とは別に，専用の細い通路を通り茶席へと向かう。これが路地であるが，この路地と市中の山居を融合させた侘茶のための庭園空間が露地と呼ばれ，新しい庭園表現として後世の範となった。

(5) 絵画・芸能など

　室町時代は我が国の美術史においても画期であるといえる。とくに日本水墨画の全盛期と評価されている。水墨画とは，墨1色で表現される絵画で，墨線だけでなく，墨を面的に使用し，ぼかしで濃淡・明暗を表す。中国で唐代後半に山水画の技法として成立した。山水画は中国で発達した絵画のジャンルであり，現実の景色の写実もあるが，山岳・樹木・岩石・河川などの景観を様式的に再構成したものが多い。禅宗の思想表現にもっとも親和性の高い絵画であり，日本には鎌倉時代に禅とともに伝わった。庭園様式にも大いに影響を与えている。足利家が禅宗を庇護したこともあり，足利家の寺である京都の相国寺からは雪舟をはじめとする画僧を輩出した。

雪舟（1420〜1506年）は備中に生まれ，京都相国寺で修行した後，大内氏の庇護のもと周防に移る。その後遣明船に同乗して明に渡り，中国の画法を学んだ。帰国後は山口，大分など各地を遍歴して写生に努め，中国画の模倣から脱した日本独自の水墨画風を確立した。後の日本画壇へ与えた影響は大きい。現存する作品のうち6点が国宝に指定されており，教科書に掲載されることの多い「天橋立図」もその一つである。

（6）民衆の台頭と民衆文化

　応仁の乱は，中央の政権に対する不信感を生み，全国各地の地域社会に自立性を促す結果をもたらした。その頃最盛期を迎えたのが，農民階層たちの自治的な地縁結合体である「惣村」である。そもそも鎌倉後期頃，農民らは団結・自立の傾向を強め，水利配分や水路・道路などインフラの整備，境界紛争や戦乱，盗賊からの自衛などを契機として地縁的結合を強めていった。このような村落は，その範囲内に住む惣ての構成員により形成されていたことから，惣村または惣と呼ばれるようになった。南北朝における全国的な動乱を経て，惣村は各地へ拡大し，東北・関東・九州では，惣村よりも広い範囲で，ゆるやかな村落結合が形成されたが，これを郷村といった。

　こうした郷村制の成立や，義満・義政の文化事業にともなって商工業が発達し，農民や町衆の間にも新しい文化が生まれていった。猿楽・狂言・連歌などは都市・農村問わず愛好され，禅文化に由来する喫茶の風習も茶の湯として広がった。これらはいずれも多かれ少なかれ個人で愛好するというよりも，この時代に特徴的な「一味同心」を基調とする芸能・芸道であった。当時の武士や庶民の日々の生活，さらに都市民のライフスタイルにも適合したものであったといえる。

> ### 確認問題

　1　平安期に勃発した承平天慶の乱，および保元平治の乱について調べ，それが武士の台頭にどのように影響を与えたか考え，小学6年生に伝えることを意識した表現でまとめよう。

2　自分の居住地域が，鎌倉時代にはどのような守護・地頭によって支配
　されていたのかを調べよう。そうした地域の歴史を，鎌倉・室町時代の
　全国的な状況へと結びつけるとすると，どのような教材を選択すればよ
　いかを考えよう。

3　室町時代に起源をもつ日本の文化から1つを選び，その歴史と現状を
　調べよう。さらに教材として用いるには，どうすればもっとも効果的か
　を考えよう。

より深く学習するための参考文献

・石井進『鎌倉武士の実像―合戦と暮しのおきて』平凡社，2002年
・小野健吉『日本庭園―空間の美の歴史（岩波新書）』岩波書店，2009年
・筧雅博『蒙古襲来と徳政令　日本の歴史10（講談社学術文庫）』講談社，2009年
・上横手雅敬『鎌倉時代の権力と制度』思文閣出版，2008年
・桜井英治『室町人の精神　日本の歴史12（講談社学術文庫）』講談社，2009年
・下向井龍彦『武士の成長と院政　日本の歴史07（講談社学術文庫）』講談社，2009年
・髙橋昌明『武士の成立　武士像の創出』東京大学出版会，1999年
・田中文英『平氏政権の研究』思文閣出版，1994年
・野口実『武家の棟梁の条件―中世武士を見なおす（中公新書）』中央公論社，1994年
・藤田勝也・古賀秀策編集『日本建築史』昭和堂，1999年
・山本幸司『頼朝の天下草創　日本の歴史09（講談社学術文庫）』講談社，2009年
・渡辺世祐・八代国治『武蔵武士』博文館，1971年（復刻版）
・九州大学附属図書館「日本古典籍画像データベース」
　https://www.lib.kyushu-u.ac.jp/ja/collections/q_kotenseki

第14章

戦国時代から江戸時代の歴史

　この時代の学習はキリスト教の伝来，織田・豊臣の天下統一，江戸幕府による安定した武士の政治が続き，歌舞伎や浮世絵に代表される町人文化が栄え，国学・蘭学に代表される新しい学問が起こったことについて学ぶ。

　この学習で活用する資料の特色は，地域に残る史跡や文化財など児童にとって身近なものが多いことである。それらと教科書掲載の歴史絵図や文章資料，年表などの資料をその特質に応じて，相互に関連させて読み取る学習活動が大切である。その学習を通じて，当時の人々の願いや思いなど，見えにくい歴史的意味について気づかせることが求められる。

キーワード

織田・豊臣の天下統一　武士の政治　町人文化の栄え　新しい学問
複数資料の関連的読み取り

1　教科書教材（資料）の概説

(1) 資料の概説と留意点

1) 概説と一覧表

　この章の学習で扱う資料は，想像図や歴史絵図が豊富に扱われている点に特徴がある。そこで，(2)の①から③で例示した資料以外に，主要な教科書に掲載されているおもな想像図や歴史絵図・文章資料などについて，教材としての見方や指導の観点について概説する。

図表14-1　「戦国時代から江戸時代」

資料名	学習指導要領上の教材化の視点	備考
長篠の戦いの絵図	キリスト教の伝来に伴う，鉄砲伝来による戦の方法の変化を読み取らせたい。従来の馬と槍や刀が中心の戦に画期的な変化をもたらした象徴的な合戦の図である。	単元の導入で扱う場合は，鉄砲の伝来も含めて，児童の興味・関心をふくらませる工夫が必要。
職人や町人の仕事の様子の絵図	既習の学習事項の「検地・刀狩」を想起させ，兵農分離がなされ庶民の身分制度が確立し，身分に応じた暮らしの定着をイメージさせる。	身分によって職業が定められていたことにも触れたい。
長崎出島の様子の絵図	江戸幕府の方針でキリスト教が禁止になったこと。キリスト教の布教を禁止し，オランダとの貿易のみを認めたことを具体的に捉えさせる。	踏み絵に使われたキリスト像や島原・天草一揆と関連させ読み取らせる。
東海道五十三次の浮世絵	東海道が京都・大坂方面と江戸とを結ぶ一大交通路であったことを押さえ，庶民が旅をするようすから庶民の暮らしぶりに変化やゆとりが生まれたことに気づかせる。	実際の浮世絵から版画技術の高さや絵画を楽しむ庶民の増加に目を向けさせる。
伊能忠敬の人物絵と測量具や日本地図	現在の日本地図と比較し，精巧な作りであることをつかませ，当時の測量技術の高さに気づかせる。	背景に西洋のさまざまな知識や学問の影響があったことに触れたい。
解体新書や解剖図	オランダの医学書を翻訳して『解体新書』を著したことや実際に解剖して実証したことをつかませ，新しい時代のうねりが始まったことに気づかせたい。	『蘭学事始』の題名に込められた思いに触れ，西洋の学問を学ぼうとする当時の人々の意欲を感じさせる。

2) 資料読み取りの留意点

　以上概説したが，歴史絵図や文章資料などの読み取りに際しては，当時の人々の立場に立った読み取り，すなわち，児童を江戸時代にタイムスリップさせる視点から読み取りをさせるように発問などを工夫する必要がある。

　たとえば，絵図であれば「そこに描かれている町人や子どもになってみよう」「町人の暮らしを予想してみよう」など，児童を当時の世の中に誘うような具体的な発問を通して，資料の世界に児童を同化させ，当時の暮らしの息吹を共感的に理解させたい。

　とくに文章資料を読むだけでなく，「当時の子どもになって，一日の暮らしを日記ふうにまとめてみよう」などと資料から読み取った事柄を自分の生活と関連づけて読み取らせるなど，児童一人ひとりの自分なりの解釈やまとめ

方を促すような読み取り方をさせることが求められる。

　さらに，グラフ資料では，そのグラフの数字的特徴に視点を当て，「農民は全体の80％以上でしたが，武士の子どもと友達になれたのかな，結婚はできたのかな」など，数字だけのグラフから，当時の人々の息吹や暮らしに児童を誘うような発問の工夫を行い，児童に当時の人々の暮らしを共感的につかませるような読み取りが求められる。

（2）具体的な教科書資料の教材化例

　資料や絵図の読み取りについては「①資料の読み取りのポイント」と「②より深める歴史ナビ」の２つの視点で示した。

　①は資料そのものから必要な情報を的確に読み取る方法や，資料に示されている全体的な傾向を資料の特質に応じて読み取る際のポイントを示した。

　②はさらに，ほかの資料と関連させて読み取ったり，既習の学習事項と関連させることでより広い視点から歴史的事象を読み取り理解を深めるポイントを示した。以下，①歴史資料（絵図）の読み取り，②歴史資料と文章資料の関連的読み取り，③複数の歴史資料の関連的読み取り，の３パターンについて述べる。

①　歴史資料（絵図）の読み取り

①資料の読み取りのポイント

　にぎやかな江戸の街並みのなか，整然と歩く大名行列と道路の脇に座って，お辞儀をしている町人や職人などの姿が見て取れる。子細に見ると行列の武士の服装にも違いがある。これら，資料から一つひとつの事象を丹念に読み取らせ，それらの事柄を比較，関連させたい。

　そのうえで武士と町人，職人などとの身分の格差，さらには大名行列の武士の服装や持ち物，乗り物などの違いから武士にも格差があることに気づかせ，その意味について考えさせたい。また，周囲のにぎやかな街並みの風景から人々の平和な暮らしぶりが全国に広がっていったことを捉えさせたい。

②より深める歴史ナビ

　この絵図と教科書に掲載されている親藩，譜代，外様の各大名の配置図や石高，参勤交代の日数，武家諸法度の読み下し文などを関連させて読み取ら

図表14-2　大名行列の絵図

出所）　歌川豊春「御大名行列之圖」（国会図書館所蔵）

せることで，江戸幕府が強い力で諸大名を支配していたようすを具体的にイメージさせることができるのではないだろうか。

　この時代は，織田信長，豊臣秀吉，徳川家康などの著名な歴史上の人物が連続して登場する歴史事象を学ぶ箇所である。

　したがって，3人の人物の生没年や行った事績を人物年表に書き込み，3人の行った事績を年代順に整理し，それぞれの人物の願いや思いを比較させるような視点で資料を見させる。そのうえで，平和な時代の模様を表す大名行列の資料を読み取らせ，戦国の世からの時代の変化に気づかせるような見方をさせるのも，一つの方法である。

　②　歴史資料と文章資料の関連的読み取り

　①資料の読み取りのポイント

　ここでは，文章資料と絵図とを比較関連させる事例を述べる。この資料は文章資料である。当時の百姓の暮らしの心得について高札形式（現代の掲示板）にして教科書に掲示したものである。書かれている事柄を一つひとつ丁寧に読み取らせると，当時の百姓の暮らしぶりが，実感として伝わってくる資料である。その際，現在の暮らしと比較させて読み取らせたい。

　この高札の文章と同じく教科書に掲載されている農民の暮らしの絵図と関連させることで，当時の農民がいかに多くの負担を抱えていたのかを実感としてつかませる。

　②より深める歴史ナビ

図表14-3　百姓に対する御触書　　　　図表14-4　年貢を納める農民の絵図

定

一、朝は早く起きて草を刈り、昼
は田畑を耕し、夜は縄をない、
俵を編み、仕事に励むこと。

一、酒や茶を買って飲まないこと。

一、なるべくあわやひえなどの雑
穀を食べ、米を多く食べない
こと。ききんのときを思えば、
いもの葉、大豆の葉などを捨
てるのはもったいない。

一、麻と木綿のほかは着てはなら
ない。

　これらの資料を関連させ、「税や役を負担しているお父さんの毎日の暮らし
をスケジュールふうにまとめてみよう」「皆さんの一日の暮らしを日記にして
みよう」などとなぞらえることで、当時の暮らしにタイムスリップさせ、農
民の暮らしの実態を共感的につかむことができる。

　その際、江戸時代の身分ごとの「人口割合のグラフ」や教科書本文から身
分差別の実態にも気づかせるような関連的読み取りをさせたい。

　さらに、それらの日記やスケジュールを、当時の人になって発表し合う活
動を取り入れることで、資料から読み取った事柄を、自分の考えとしてまと
め、それを自分の言葉で、再構成して表現させるようにしたい。このように、
資料の読み取りと思考、判断、表現の一体的な学習活動を適宜取り入れ、調
べたことや、わかったこと、考えたことを自分の言葉で表現することが歴史
的事象の社会的意味を考える力を養うことにつながると思われる。

③　複数の歴史資料の関連的読み取り

①資料の読み取りのポイント

　歌舞伎のようすだけを読み取るのではなく、歌舞伎を楽しんでいる多くの
観客やその服装、食事のようすなどに目を向けさせ、町人の暮らしにゆとり
が出てきたことや平和な市民生活を送っていたことに気づかせたい。

　また、歌舞伎を見るには今でいうチケット代（費用）が掛かることに気づか
せ、それでも多くの町人が歌舞伎を楽しんでいることに関心を向けさせるよ

うな工夫が必要である。また，生き生きとした江戸の街の絵図から，江戸の街は活気にあふれていたことに気づかせたい。併せて，既習の「年貢を納める農民の絵図」と関連させることで，地方と都市による江戸時代の庶民の暮らしの多様性にも目を向けさせたい。

図表14-5　歌舞伎を楽しむ町人

出所）三代目歌川豊国「踊形容江戸絵栄」（早稲田大学演劇博物館所蔵118-0023～25）

②より深める歴史ナビ

たとえば，観客の数や服装に視点が向いた後に，「たくさんの人が歌舞伎を楽しんでいますが，歌舞伎を見るのに，今でいうチケット代はいくらくらいかな」「仕事を休んでチケットを買って，食べ物を食べながら歌舞伎を楽しんでいたのだね」などの発問を行い，絵図から直接は気づきにくい江戸時代の人々の暮らしにゆとりが生まれたことに気づかせたい。その際，既習の学習内容である，「百姓の生活の心得」の文章資料と関連させ，農民と町人の暮らしぶりの違いや，暮らしの変化について考えさせるような資料の読み取りが大切である。

また，東海道五十三次の風景画，浮世絵の役者絵や美人画なども教科書に教材として示されている。これらは日常からカレンダーやポスターなどを通して児童も身近に感じている。これらの資料の多色刷りや彩色の美しさ，大胆な構図のすばらしさとともに，歌川広重や葛飾北斎などは画家を職業としていたことに気づかせ，それを購入して絵を楽しむなど庶民の生活にゆとりが生じてきたことや，風景画に描かれた人々の暮らしぶりにも目が向くような資料の読み取りが求められる。

その際，街道の整備と関連させ，地方の農民の生活のなかに江戸の文化が徐々に伝わってきたことにも触れさせることが大切である。

具体的には，江戸時代の長さを年表資料で確認させ，戦争のない平和な時代が続いていたこと，東海道五十三次の風景画や大名行列の参勤交代の絵図から，大名の領地の場所と江戸の位置関係を地図で確認させ，江戸と各地を結ぶ街道が整備されていたことなどを関連させて考えさせ，江戸と地方との人々の往来が増え，地方に江戸の町人文化が徐々に広がっていったことに気づかせるようにしたい。

このように資料一つひとつの読み取りを関連させることで，武家政権の安定が人々の暮らしの安定につながり，街道整備などのインフラ整備と相まって，旅をすることが徐々にではあるが日常生活に浸透していったことを通して，町人の暮らしの豊かさが江戸の文化を支え，それが地方に広がっていったことに気づかせるようにしたい。

2　地域素材の教材化

この時代の学習では，活用できる地域素材が児童の身近に数多く存在する。それらの素材を教材として有効活用して，歴史を身近に感じさせたい。

以下，江戸時代の学習にふさわしい地域素材の事例を示す。

(1) 地名の教材化

地域にはさまざまな地名があるが，地名にはすべて意味があると言っても過言ではない。それらの地名のうち，江戸時代の学習で教材化することで児童に興味・関心をもたせるものを幾つか示す。多くは，学習の導入や身近な歴史調べなどに活用すると効果的である。

1) 街道名，宿場名など

中世の鎌倉街道などは有名である。ここでは江戸時代に整備された東海道，日光街道，中仙道，甲州街道，奥羽街道などの五街道やその他の主要街道名などが好例であろう。関東地方であれば，品川，戸塚，保土ヶ谷，平塚など

はそれぞれの街道筋の宿場の地名の名残である。また，東海道五十三次の風景画でも広く知られている。それぞれの地域に宿場町として現在もその名残をとどめている箇所が多くある。

2）人名や新田という名称など

与左衛門，与作などは明らかに人名に由来すると思われる地名である。増富新田，大塚新田，三富新田などは新しく田として開発された意味の地名である。これらは，江戸時代に都市人口の増加に伴って，食糧増産の必要性から，荒れ地を開拓して田んぼに開発した名残の地名である。また，人名などはその当時地域の発展に尽くした先人の業績をたたえた当時の人々の思いなどが名前として残されたものが多い。それらをたどることで，地域の歴史に親しみをもって接することができる。

これらは，国土地理院発行の5万分の1の地図を丁寧に読み取ると児童でも容易に調べることができる。その際，地図で等高線や河川の流れを着色させる活動を通して，土地のようすと人々の暮らしを関連させて地図を読み取らせることが大切である。

(2) 遺跡，史跡の教材化

1）神社や寺院，一里塚，道標，庚申塔，青面金剛，馬頭観音像など

これは地域の歴史の宝庫でもある。地域の神社・寺院の名前や由来を調べたり，一里塚や庚申塔，青面金剛，馬頭観音などの建てられている場所やそこに残されている石碑の文字から当時の時代のようすを想像する活動は，歴史への興味・関心を高めさせることになる。とくに，一里塚，庚申塔，青面金剛，馬頭観音像などを地域探検して地図に書き込むことで当時の村境や街道筋が確認できるので，課題学習として取り組ませることも効果的である。

寺院の○○山○○寺という山号から寺子屋につなげ，今でも山に登る「登校」や山から下る「下校」という呼び方が残っていることに結び付けたい。

2）郷土の偉人や藩校，私塾などの教材化

地域の3，4年生の副読本や道徳の読み物資料などから，6年生の学習に適

したものを選択したい。城下町といわれる町や市にはこの時代に活躍した人物が郷土の偉人として伝えられていることが多い。また，城下町を形成した大名の歴史を調べさせることも興味・関心をもたせるうえで大切である。

戦国大名か江戸時代の大名なのか，さらに，大名の名が違う場合には，その経緯を調べさせることも織田，豊臣，徳川の変遷を地域から学ばせる貴重な教材である。親藩，譜代，外様などの種類で整理させ，譜代大名では，藩主がたびたび交代している事例に気づかせることも児童を歴史好きにする好例である。

さらに，当時の著名な学者や文化人が創設した私塾や藩が開いた藩校なども地域の誇りとして残されている。江戸時代の学習教材として活用したい。

私塾では，山口の松下村塾（しょうかそんじゅく），長崎の鳴滝塾（なるたきじゅく），大分の咸宜園（かんぎえん），大阪の適塾（てきじゅく）などは著名である。私塾や寺子屋などを開設した先人と関連させ教材化したい。

藩校も会津の日新館，水戸の弘道館，福岡の修猷館（しゅうゆうかん），島津の造士館，萩の明倫館などがある。子細に見ると藩校や私塾の開設は江戸末期に集中している。私塾や藩校の開設や，寺子屋の増加傾向を年表に書き込むことで，江戸時代後期に集中していること，庶民や武士への学問の広がりが幕末の政治に大きな影響を与えたことに気づかせ，明治時代の学習への興味をもたせ，歴史の連続性や変化への興味・関心につなげていくことができる。

3) 伝統工芸や伝統的文化財，祭礼，特産品などの教材化

江戸時代は街道の整備が飛躍的に進み，都市と地方の物資の交流も進んだ時代である。とくに，城下町といわれる地域では，名産品や伝統行事，伝統工芸がしっかりと残されていることが多い。

児童はそれらの名産品や伝統行事・伝統工芸に親しんでいながら，そのいわれや歴史に気づいていない場合が多い。

著名な事例として，陶磁器では薩摩焼，萩焼，九谷焼，備前焼，織物では西陣織，丹後ちりめん，結城紬，久留米絣，醸造では灘や伏見の清酒，野田や銚子，龍野の醤油，漆器では会津塗，輪島塗などがある。これらのなかには，武士の生活救済策や大名の領国経営の一環として殖産政策が行われたものが多いので，そのような視点からの教材開発も幅が広がると思われる。

　盆踊りや地域の祭りなども教師が調査・発掘して，江戸時代の大名の政治や庶民の暮らしや文化のようすをつかむ素材として活用したい。

　このような身近な史跡，祭礼，名産品，伝統工芸などのルーツを児童とともに調べる学習に挑戦することも社会科指導の喜びの一つであろう。

3　発展学習──より深く，広く，学ぶ

　各地域には江戸時代以降に起源をもつ歴史や伝統が多い。それらは伝承も確かで，具体的な資料や歴史遺産や史料も比較的豊富である。それらを教師が発掘して教材化して，地域への広がりにつなげることは，身近な地域の歴史や伝統に対する愛情を育むよい教材である。以下，2つの事例を示す。

【例1】地域に特色的な歴史事象がある地域──横浜市の場合

　①教室での学習と動機づけ

　　ペリー来航。横浜が開港。明治維新。新橋・横浜間の鉄道開通。

　②地域への広がりの視点

　　寒村⇒ペリー来航⇒開港⇒新しい町づくり⇒文化の種類を調べよう

　③具体的な史料や現存する歴史遺跡

　　　○ビール，牛丼，アイスクリーム（当時はアイスクリン）

　　　○横浜赤レンガ倉庫（旧，新港埠頭保税倉庫），横浜開港記念館，外人墓地，

　　　　横浜中華街，馬車道などの地名

　④今日の横浜との比較

　　　○ランドマークタワー。国内第2位の都市。横浜港。今も国際都市。

　⑤こんな視点で具体的に学習を始めてみよう（例示）

　　　⇒横浜探検をまとめてみよう。

　　　⇒文明開化のふるさと横浜探検。

【例2】多くの地域に共通する事例──神社や伝統行事の活用の場合

　①教室での学習──動機づけ

　　子どもに身近な地域の祭礼を通して，その祭礼が江戸時代に始まり今日まで地域の人によって引き継がれてきたことに気づかせる。

　②地域への広がりの視点

神社探検や，ふだん何気なく接している祭礼や地域のお祭りを通して，「見えにくい地域の歴史を探検しよう」という興味づけを行う。

③具体的な歴史史料や歴史遺跡と考えられるもの

神社境内にあるさまざまな石碑。神殿に掲げられている扁額や彫り物。お祭りの幟旗の文字や模様，踊りを神社に奉納する「奉納」の意味への気づき。

④今日の地域との比較

町内会や学校，公民館などが一体となってお祭りが毎年実施され，地域の人々の連帯感を生んでいる。地域の地名に祭礼に関連する名前がある。

市内（村内，町内，区内）の伝統文化にもなっているなどの視点から歴史の重みと人々の生活の営みの一部に歴史が溶け込んでいることに気づかせる。

⑤こんな視点で学習を始めてみよう

⇒○○神社の石碑調べをして地域の歴史探検をしよう。

⇒市内の神社調べをして私たちの市の歴史マップを作ろう。

⇒市内の神社のお祭りマップを作ろう。

> 確認問題

1　信長，秀吉，家康の3人の天下統一の歩みを指導する際，3人の歴史的事象の資料をどのような観点で読み取らせるか。各100文字程度で述べよう。

2　江戸時代に栄えた町人文化のようすとそのようすを示す資料としてあなたはどのような資料が適切だと考えるか。その資料を複数挙げ，その資料を挙げた理由と資料の読み取りの観点について200文字程度で述べよう。

より深く学習するための参考文献

・有田和正『有田式歴史教科書——6年社会科・授業カンペキ版』明治図書出版，2005年
・有田和正『調べる力・考える力を鍛えるワーク——社会科の基礎・基本学力をつける』明治図書出版，2002年

地域素材の教材化・2つのポイント

column

　　　「身近な歴史遺跡や記念碑などの素材を教材化して子どもを歴史好き
　　　にしたい」。そんな思いは教師の誰もが抱く思いです。たとえば，学校の
近くに江戸時代の年号が刻まれた【道祖神】や【道しるべ】がたくさんあるとしまし
ょう。

　「そうだ，これを，子どもに見せて学習しよう」と教師なら考えます。

　ここでポイント①。その見学や観察を学習過程のどこに位置づけますか。

　導入で興味をもたせるのか。ある程度学習が進んだ単元の途中で，それでは実際
に調べてみよう。と確認をより深めたり，広めたりする学習に使うのか。それとも，
単元学習のまとめで「○○新聞をつくろう」のときに取材して紹介するのか。つまり，
「つかむ」「調べる」「まとめる」のどの段階で教材として使用するのか教師がしっか
りねらいを明確にすることです。「つかむ」では，概観して，気づいたことを次の学
習につなげることが大切です。「調べる」ではある程度の既習知識をもとに，より深
めたり，地域の暮らしが江戸時代とつながっていることに気づかせるなど，内容面
の深まりが求められそうです。「まとめる」では，「もっとほかにもあるかな？」「市内
の石碑マップを夏休みの自由課題にしよう」という広がりのある観察が求められます。

　ポイント②，小学校と中学校の指導のねらいの違いに注意してください。

　小学校でのねらいは，学習指導要領第6学年，2内容(2)のア(キ)が道祖神や道
しるべに関係する内容です。中学校では歴史的分野，2内容B(3)の(イ)(ウ)が該当
します。

　小学校では，(キ)の「～参勤交代や鎖国などの幕府の政策，身分制を手掛かりに
武士による政治が安定したことを理解する」ことをはずさないことが大切です。

　中学校では，(イ)の「～身分制と農村の様子，鎖国などの幕府の対外政策と対外
関係などを基に，～幕府と藩による支配が確立したことを理解すること」，(ウ)の
「～産業や交通の発達，教育の普及と文化の広がりなどを基に，町人文化が都市を
中心に形成されたことや，各地方の生活文化が生まれたことを理解すること」と示
されています。

　したがって，子どもに見学させる場合，中学校の内容にまで深入りすることなく，
しかし，小中の系統性は押さえつつ，小学校で学ぶ江戸時代の学習のねらいを外さ
ないような指示や発問，課題提示の工夫を行うことが地域素材の教材化ではとくに
大切です。

　興味をもたせて，意欲的活動をさせ，「もっと知りたい」という続きは，中学校へ
のお土産にして，課題意識をもたせるような学習の展開が求められます。

朝廷（天皇）と武家（幕府）・菊と刀のミニ散歩

　歴史の学習で学ぶ朝廷や幕府，つまり，朝廷（天皇・菊）と武家（幕府・刀）の関係について歴史散歩をしましょう。

　天皇中心の律令政治は，奈良の大仏を建立した聖武天皇によって確立されたといわれます。その後，娘を天皇の后（きさき）とした藤原氏の権勢が続いた後，平清盛が武家の棟梁（とうりょう）として政治を担います。平清盛の官職名は，従一位太政大臣。これも律令制度における官職名。したがって清盛は天皇の家臣として政治を行ったことになります。清盛は娘の徳子を高倉天皇の后とします。高倉天皇の子が壇ノ浦の戦いで，母親徳子の胸に抱かれ瀬戸内海に消えた，有名な安徳天皇です。

　次に幕府を開いた源頼朝は，征夷大将軍という職名で鎌倉幕府を開きます。

　この職名も，平安初期に東北地方の蝦夷（えみし）平定の指揮官である坂上田村麻呂に桓武天皇が与えた臨時の職名ですが，その後，将軍の官職名になります。

　幕府を開いた源頼朝の直系は3代将軍，源実朝で途絶えます。その後幕府の政治を担ったのは北条家です。鎌倉幕府の将軍は第9代まで続きますが，それぞれ，朝廷や摂関家から将軍職を迎え，執権として北条氏が実権を握ります。

　その後，足利尊氏が将軍に就き，戦国の世を経て秀吉が天下を統一しますが，官職名は朝廷から授かった官職，関白太政大臣を名乗ります。その後の徳川家康も征夷大将軍の職名を朝廷から受け，江戸幕府として政治を担います。

　幕末には公武合体として，皇女（天皇の子）和宮が14代将軍の徳川家茂に輿入れします。後醍醐天皇による建武新政の一時期を除き，平清盛から徳川15代将軍の明治維新まで，武家（幕府）による政治が続きますが，それぞれ朝廷から位を受け，朝廷と並立の形で続いてきたのが我が国の歴史の特色です。

　このような我が国の政治のようすや人々の政治に対する考え方について，第2次世界大戦後の日本の統治方法研究のため，日本人の国民性の研究を依頼されたアメリカの文化人類学者のルース・ベネディクト（1887～1948年）は日本史の特色を，その著作名『菊と刀』（菊：朝廷。刀：武家）に表しています。

　時を経て，明治維新の戊辰（ぼしん）戦争で心ならずも朝敵とされた，徳川15代将軍徳川慶喜の孫の徳川喜久子は昭和天皇の弟の高松宮家に嫁いでいます。同じく，京都守護職として京都の治安維持に心血を注ぎ孝明天皇の信任が厚かったにもかかわらず，朝敵とされた最後の会津藩主松平容保（まつだいらかたもり）の孫の松平勢津子は秩父宮家に嫁いでいます。『菊と刀』とは，悠久の歴史を誇る，日本の歴史や国民の精神性を表現する象徴かもしれません。

第 **15** 章

明治時代から戦後・現代の歴史

　　この時代の学習内容は大きく2つに分かれる。1つは黒船の来航に伴う開国から，明治維新の諸改革，大日本帝国憲法の制定や国会開設，日清・日露の戦争や条約改正などを経て，我が国の国際的地位が向上した経緯を学ぶ明治・大正期の学習内容。今1つは，日華事変や第2次世界大戦を経て，戦後民主的な国家として日本国憲法の制定や東京オリンピックの開催，急速な経済成長などを経て国際社会のなかで重要な役割を果たすに至った経緯を学ぶ昭和期の学習内容である。

キーワード
　　明治の諸改革　　大日本帝国憲法の制定と国会開設
　　日清・日露戦争と条約改正　　日華事変と第2次世界大戦
　　民主的な国家と日本国憲法の制定

1　教科書教材 (資料) の概説

　この時代は，時代が大きく変革し学習内容も多岐にわたり，「小学校学習指導要領　社会」の3・内容の取扱い (2) のウに例示してある42人の歴史上の人物のうち14人がこの時期の学習内容に含まれている。

　これらの人物を学習指導要領に定められた標準授業時間数で指導するには，児童の興味・関心を生かし，学習内容の歴史的事象と代表的な人物の働きや文化遺産などを関連させて指導することが必要である。ここに示された42人

の人物は例示であり，指導のねらいが達成できるのであれば，児童が身近に感じる郷土で活躍した歴史上の人物を取りあげることも効果的であろう。その場合，例示された人物は，我が国の歴史を概観するうえで児童が知っておくべき歴史的事象に関わる人物として選択されたものであるので，取りあげた郷土の人物と関連させながら学習展開されることが求められる。

　この時代で学習する14人のおもな歴史上の人物について学習指導要領のねらいを踏まえ，おもな事績とそれをもとにした指導上の配慮事項などを以下に概説する。人物の働きを中心にして歴史学習を進める場合，その時々の歴史事象と活躍した人物の年齢を関連させて学ばせることが大切であるので，この一覧表では，便宜的に明治維新の時点での年齢を記した。

（1）教科書教材に登場するおもな人物の概説

　この一覧表には記載されていないが，坂本竜馬などを関連させて指導する

図表15-1

人物と出身および維新時の年齢	おもな事績と学習指導要領上の留意事項 〇人物のおもな歴史上の事績。 ◎教材分析や指導上の留意事項。
ペリー アメリカマサチューセッツ州 アメリカ海軍 1794~1858	〇1837年アメリカ最初の蒸気軍艦を建造し艦長となる。1852年大統領特使として，大西洋を南下し，ケープタウン，シンガポール，香港を経て，沖縄の那覇と小笠原に航海上の停泊地の建設を企画。1853年軍艦4隻で久里浜に来航。大統領の親書を伝達。翌1854年1月軍艦7隻で横須賀沖に来航。数カ月の交渉の末，日米和親条約を締結。 ◎黒船来航の象徴として絵図に登場する人物である。1853年の来航と翌年の来航では軍艦の数に違いがある。教科書の掲載絵図の読み取りでは視点の違いに注意が必要。ペリーの軍艦の大きさ，服装，大砲の大きさ，煙突の煙などに着目させ，外国の進んだ文化との違いに気づかせたい。
勝海舟 江戸 幕府御家人 幕府海軍奉行 1823~1899 45歳	〇幕府の御家人の長男として江戸に生まれ，幼少期から剣術修行と蘭学，西洋兵法を学んだ。1853年のペリー来航に際して提出した『海防意見書』が幕府に認められ，翻訳掛に登用。その後，幕府の長崎海軍伝習所へ派遣される。1860年の日米通商条約調印の遣米使節を乗せたポーハタン号に随行する咸臨丸の艦長格として渡米。帰国後は軍艦奉行として，坂本竜馬，西郷隆盛らと交流，幕府の大政奉還と明治維新，江戸城無血開城に道を開いた。 ◎江戸から明治への歴史の流れのなかで，倒幕勢力の中心である薩摩藩の西郷隆盛との会談の場面に触れながら，西郷も勝も藩や幕府を超えた日本という国単位で新しい時代を考えていたことに気づかせたい。とくに，教科書教材としてこの時代に登場する数少ない幕府側の人物であることに着目させたい。

西郷隆盛 薩摩藩 下級武士 1827~1877 41歳	○薩摩藩主島津斉彬に認められ，京都で一橋慶喜の将軍継嗣に奔走。斉彬の死後，島津久光に疎まれ失脚。鹿児島湾に入水自殺するも蘇生。その後，2度の遠島処分を受ける。1864年に処分を解かれ，蛤御門の変で活躍。坂本竜馬の斡旋で長州藩と薩長同盟を結ぶ。鳥羽伏見の戦いで幕府側に勝利をもたらす。勝海舟との会談で江戸城無血開城の道を開く。 ◎勝海舟との江戸無血開城の役割を中心に，明治維新の中心人物としての役割の理解をしっかり押さえたい。後の，征韓論や西南戦争での事績はあまり深く扱わない。
大久保利通 薩摩藩 下級武士 1830~1878 38歳	○同郷の西郷隆盛とともに，島津斉彬に重用される。斉彬の死により，藩政の実権は島津久光に移るが，その下で藩政に参与。遠島処分から解かれた西郷隆盛らと討幕運動を進め，公家の岩倉具視らとともに王政復古，明治新政府樹立の立役者。明治政府にあって，1871年（明治4年）岩倉具視使節団の一員としてアメリカで条約問題の予備交渉にあたる。その後，ヨーロッパ諸国を視察。帰国後，征韓論を巡り西郷隆盛と対立。内政では士族の反乱を押さえ，地租改正や殖産興業の振興などに力を注いだ。 ◎明治の国造りの中心人物として扱うが，児童にとっては西郷隆盛などに比べ知名度が低い。西郷隆盛と同郷の幼なじみでありながら，明治の国造りの方法で違う道を歩んだ2人の生き方に触れ，児童の興味関心をもたせるような工夫が必要。
木戸孝允 長州藩 侍医の子 1833~1877 35歳	○青年期に江戸で剣術修行中にペリー来航に遭遇し強い衝撃を受け，政治に強い関心をもち，西洋砲術や造船技術，オランダ語など西洋の学問を学ぶ。高杉晋作などと長州藩の藩政改革を行う。坂本竜馬の仲介で薩摩藩との薩長同盟を締結。明治維新後は岩倉使節団に参加して欧米各国を視察し，国の近代化の必要性を痛感。西郷，大久保とともに維新の三傑の1人。 ◎「五箇条の御誓文」の起草者，新しい国造りの理念的指導者として，大久保，西郷，坂本竜馬などと関連させて扱いたい。
明治天皇 第122代天皇 1852~1912 16歳	○孝明天皇の第2皇子。1866年孝明天皇の急逝により14歳で第122代天皇として1867年即位。1868年3月，五箇条の御誓文を発布。版籍奉還，廃藩置県などに取り組み天皇親政の中央集権国家体制を創出。当初は太政大臣三条実美，右大臣岩倉具視，大久保利通，木戸孝允の輔弼を受ける形で政務を行うが，次第に主体的に政務に係り，97回に及ぶ天皇の地方巡幸をはじめとして，国会開設，大日本帝国憲法の公布，教育勅語など，明治国家の基盤となる諸政策を推進した。例年初詣でにぎわう明治神宮は明治天皇と同妃の昭憲皇太后を祭神とする。 ◎「五箇条の御誓文」の誓文の意味は　古　の日本の神々に対して，国を代表して天皇が新しい国造りの方針を誓うという観点から示されたこと。さらに，書かれている内容は現在の民主主義の考え方にも通じる斬新なものであったことにも触れながら，明治天皇の果たした役割に気づかせたい。

福沢諭吉 中津藩 下級武士の子 1834~1901 34歳	○19歳で長崎に遊学，翌年緒方洪庵の適塾で蘭学を学ぶ。勝海舟らの咸臨丸で渡米。帰国後幕府の役人となり，その後再び渡米。渡米体験を記した『西洋事情』，西洋的な物の考え方の啓発書『学問のすすめ』で天賦人権論を展開。独立自尊，脱亜入欧の考え方を主張して文明開化政策の思想的リーダーとなる。 ◎慶應義塾大学の創始者として著名。その際，1万円札の肖像画を資料として活用したい。大隈が政治に身を置いたのに対し，終始，民間教育の普及と言論活動に身を置いた。
大隈重信 佐賀藩士の子 1838~1922 30歳	○藩校の弘道館に学び，勤王思想に触れる。1862年長崎に出て，宣教師のフルベッキに師事して英学を学び，自ら英学塾を創設。1870年明治新政府の参議，1873年大蔵卿となり，地租改正・秩禄処分を主宰し，殖産興業を推進。1881年「国会開設奉議」を提出して国会開設と政党内閣制度を主張。翌年立憲改進党を結成し，東京専門学校（現在の早稲田大学）を創設。1898年と1914年の2度にわたり大隈内閣を組織し，第1次世界大戦に参戦。 ◎議会制民主主義や議会の開設，政党政治に向けた取り組みの事績を中心に捉えさせたい。板垣退助，伊藤博文とともに，現在の国会議事堂に銅像があることにも触れたい。早稲田大学の創立者として，慶應義塾大学を創設した福沢諭吉と対比させるような捉えさせ方も効果的。
板垣退助 土佐藩士 1837~1919 31歳	○1868年の戊辰戦争の東山道先鋒参謀として各地を転戦。1871年新政府の参議となるが，征韓論に敗れ西郷隆盛らと辞職。1874年「民選議員設立建白書」を提出。同年，高知に「立志社」を設立。その後，国会期成同盟を経て，1881年自由党を結成し党首となる。1896年の第2次伊藤博文内閣で内務大臣，1898年の第1次大隈内閣で内務大臣を務める。 ◎自由民権運動の中心人物として扱いたい。その際，伊藤博文との考え方の違いにも気づかせたい。旧百円札の肖像にも触れたい。1882年に岐阜県で遊説中に暴漢に襲われた際，「板垣死すとも自由は死なず」と叫んだとも。真偽には諸説あるが，自由民権の考え方を大隈重信，福沢諭吉の考え方と関連させて捉えさせたい。
伊藤博文 長州藩 下級武士の子 1841~1909 27歳	○現在の山口県光市の農家に生まれる。吉田松陰の松下村塾に学び，高杉晋作，木戸孝允らの知遇を得て尊王思想に目覚める。1863年井上馨らとイギリスに留学し西洋の文化に触れ開国と新政府樹立の必要性を痛感。新政府に入り，外国事務掛，兵庫県知事，租税頭などを歴任後，岩倉使節団副使として欧米を視察。帰国後，征韓論を唱える西郷隆盛，江藤新平，板垣退助らと対立し明治6年政変を招く。1878年の大久保利通の死後，その遺志を継ぎ殖産興業政策推進など国内政治の充実に努める。1882年から憲法調査のため，ヨーロッパ各国を視察。帰国後初代内閣総理大臣に就任。その後第4次まで内閣を組織し，我が国の政党政治の基礎を築く。 ◎初代内閣総理大臣，大日本帝国憲法の発布など明治の国造りに欠かせない中心人物として扱いたい。旧千円札の肖像にも触れたい。同時代に活躍した板垣との対比で扱うことも効果的。

陸奥宗光 和歌山藩士の子 1844~1897 24歳	○父親が失脚後19歳で江戸に出て，安井息軒<small>やすいそっけん</small>に学ぶなかで，長州の桂小五郎，伊藤博文，土佐の板垣退助らの知遇を得る。明治維新後，外国御用掛，兵庫県知事などを歴任後，和歌山藩欧州執事としてヨーロッパ視察。帰国後，大蔵省の租税頭となり，地租改正に従事。西南戦争では薩摩軍に加担したとして投獄。その後，1883年特赦で出獄，旧知の伊藤博文の計らいで，欧米に遊学。帰国後，外務大臣の弁理公使，特命全権公使などを務める。さらに，伊藤博文内閣の外務大臣として日英通商航海条約（1894年）などを締結。日清戦争の開始から講話，三国干渉に至るなかで外交手腕を発揮。条約改正の陸奥外交といわれた。 ◎ノルマントン号事件の風刺画などを活用し，当時の日本の悲願であった条約改正に向けた陸奥宗光の外交努力を時系列的に捉えさせたい。後の外務大臣の小村寿太郎と関連させると効果的。
東郷平八郎 薩摩藩士の子 1847~1934 21歳	○薩英戦争，戊辰戦争に参戦。1871年イギリスに留学。日露戦争では連合艦隊司令長官として日本海海戦で当時最強といわれたロシアのバルチック艦隊に大勝。日露戦争を勝利に導く。 多くのアジア諸国が西洋列強の支配下にあり，勝ち目がないといわれた海戦で歴史的勝利に導いた司令官である。 ◎日本海海戦の指導に際しては，日本とロシアの地政学的な位置を地図で示し，ロシアにとって日本列島が太平洋への出入口に位置することに気づかせる。この海戦の勝利が，条約改正など我が国の外交を大きく変える戦いであったことにも気づかせたい。
小村寿太郎 九州， 飫肥藩士の子 1855~1911 13歳	○第1回文部省留学生としてハーバード大学で法律学を学び，大審院判事となる。外務省に転出後，駐清公使，駐米公使，駐露公使を経て，1901年の第1次桂内閣，1908年の第2次桂内閣で外務大臣。 日英同盟締結，日露戦争開戦，ポーツマス条約締結全権大使などに取り組み，不平等条約改正（関税自主権の達成）に力を注ぐ。 ◎陸奥宗光とも関連させながら，条約改正に取り組む姿勢を，伊藤博文の内政政策や東郷平八郎の日露戦争勝利などの歴史的事象を時系列的に理解させたい。
野口英世 農家の子 1876~1928	○福島県会津地方の農家の子。幼いとき，いろりで大やけどを負って医師を志す。生家跡は今でも観光名所として保存されている。 清（現在の中国）のペストの治療の日本の医師団の一員として参加。その後，アメリカ・ペンシルバニア大学で学び，1903年デンマークに留学。スピロヘータの純粋培養に成功。黄熱病の研究のため南アメリカのエクアドルに赴き，黄熱病の病原体を発見。研究中に黄熱病に感染して現地で死去。 ◎同時代の自然科学における著名な人物として，ペスト菌の発見（1890年）の北里柴三郎，赤痢菌の発見（1897年）の志賀潔，タカジアスターゼを創製（1909年）の高峰譲吉，ビタミンB1を抽出（1911年）した鈴木梅太郎らが活躍。代表的な人物を調べさせるような課題を与えることも子どもに夢をもたせるうえで有効である。千円札の肖像画にも触れたい。

ことで，薩摩と長州の同盟が倒幕の歩みを速めたことや，会津藩の立場やようすに触れることが可能である。その際，あまり深入りせず，人物の相関関係図や出身藩を白地図に書き入れるなどして，整理させることが大切である。

　この時代は，短期間にさまざまな動きがあった時期で，歴史的事象の前後関係がわかりにくく，混乱しやすい。一覧表のように，1853（嘉永6）年のペリー来航時や憲法発布1889（明治22）年など基準年を決め，順次学習した事柄と関係の人物の年齢を加えて，年表を完成させるような活動を取り入れ，歴史的事象と人物の働きの関連を見やすくさせることが大切である。

（2）具体的な教科書資料の教材化例

　以下，教科書で取りあげられている資料について概説する。

　ここでは①歴史絵図の読み取り，②歴史絵図と文章資料の関連的読み取り，③複数の人物と歴史絵図の関連的読み取り，④複数の写真資料の関連的読み取り，の4つのパターンに分けて概説する。

---

column

人物中心の歴史学習　ここがポイント

　　小学校の歴史学習において，人物が例示された1977年の学習指導要領の解説書（昭和53年版）から引用してポイントを記す。

(1) 先人の働きで学ばせる内容

　①先人が当時どのような目的や願いをもってどんなことを行ったか。

　②そして，そのことが当時の人々にどのような影響を与えたか。

　③それらを通して，先人が当時の人々の幸福と生活の向上に尽くしてきたことを理解させる。

(2) 人物を取りあげる視点と方法

　①人物の生い立ちや逸話，伝記などからおよその人物像を描き，人物を児童に身近なものに感じさせ，児童の興味・関心を高める。

　②人物の働きを通して学習内容が具体的に理解できるようにする。

　③人物の具体的な働きを取りあげ，人物の願いや当時の世の中の人々の願い，当時の世の中のようすと結びつけて理解させる。

①歴史絵図（錦絵）の読み取り

①資料読み取りのポイント

あまりにも有名なペリー来航図である。日本の手漕ぎの船とアメリカの船の大きさ，装備（大砲や煙突からの煙など），兵隊の服装などを，日本のそれと比較させることが大切である。煙突の煙は，現在もＪＲなどで観光列車として運行している蒸気機関車などを例に，すでにアメリカでは石炭で船を動かす技術があったことを教師が補説して，外国の進んだ文化が目の前に現れた当時の人々の驚きを，臨場感をもたせて読み取らせる。

図表15-2　ペリー来航の錦絵

出所）東洲勝月「米船渡来旧諸藩士固之図」（正眼寺所蔵）『小学社会　6上』教育出版，p.88

②より深める歴史ナビ

日本とアメリカの位置関係について世界地図や地球儀で位置と距離をつかませ，何千キロメートルも離れている国から航海してきたことを確認させる。その際，警護にあたった武士が掲げた旗の家紋から，各大名家が警護についたことや，その大名家が児童にとって身近な大名家である場合は，近くの郷土資料館や博物館への見学を促すなども歴史への興味関心をもたせるうえで効果的である。また，その際，当時の川柳《太平の　眠りをさます　蒸気船　たった四杯で　夜も眠れず》を示して，当時の幕府の役人や庶民がペリーの艦隊を見たときの気持ちや驚きなどを人物資料に吹き出しで記入させるなど，

臨場感やイメージ化を図り，我が国に与えた衝撃の大きさに気づかせたい。

②歴史絵図（錦絵）と文章資料の関連的読み取り

①資料の読み取りのポイント

五箇条の御誓文は天皇の国造りの決意と指針である。書かれている事柄と実際の明治の世の中の変化のようすを関連させて読み取らせる。たとえば，「これまでのよくないしきたりを改めよう」や「知識を世界から学んで〜」などの御誓文の言葉と明治の学校の授業風景やレンガ造りの銀座通りのようす

図表15-3　五箇条の御誓文

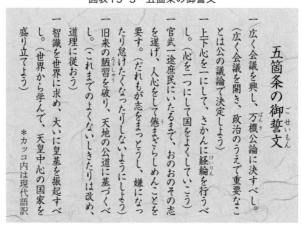

図表15-4　明治の学校の授業風景錦絵

出所）「小学指教図（第7図）」（東書
　　　文庫所蔵）『小学社会　6上』教
　　　育出版，p.97

図表15-5　レンガ造りの銀座通り

出所）歌川広重『東京開化名勝京橋石
　　　造銀座通り両側煉化石商家盛栄
　　　之図』（早稲田大学図書館所蔵）

を関連させて読み取らせることで，明治の新しい国造りが急ピッチで進んだことに気づかせる。

　とりわけ，子どもにとって身近な学校生活や人々の暮らしに視点を合わせて，短期間に急激な変化を遂げたことに気づかせる。人々の服装，建物，鉄道馬車（馬が引いている）人力車などについての名称は教師が補説する。

　②より深める歴史ナビ

　江戸時代の寺子屋の絵と明治の学校の授業風景の違い，日本橋の浮世絵と明治維新後の銀座通りとの対比，年表で明治維新からの文明開化の銀座通り完成までの年数の確認などを通して，江戸時代の数百年の年数と明治維新からの年数を比較させ，短期間に急激な変化を見せた当時の世の中の変化に気づかせる。さらにビール，牛乳，牛丼，洋服などがこの時代に日本に入り定着したことを教師が補説する。

　③複数の人物と歴史絵図（錦絵）の関連的読み取り

　①資料の読み取り

図表15-6　大日本帝国憲法発布式絵図

出所）和田英作「憲法発布式」（聖徳記
　　　念絵画館所蔵）『小学社会　6上』
　　　教育出版，p.100

図表15-7　伊藤博文人物像

出所）「近世名士写真」（国会図書
　　　館所蔵）

ここでは，明治の近代国家建設の代表的事績である大日本帝国憲法発布の錦絵と初代内閣総理大臣伊藤博文と自由民権運動に挺身した板垣退助を関連させて概説する。

　錦絵では，天皇が伊藤をはじめとした政府に憲法を与えるようすが描かれている。

　憲法の一部を読むと天皇が国を治めることなどが書かれている。それに対して板垣退助らの自由民権運動では国民の政治参加を強く主張。2人の意見の違いを2人の歩んできた事績を年表に記入させながら捉えさせたい。

　②より深める歴史ナビ

　伊藤が憲法作成の参考にしたのは，皇帝の力の強いドイツの憲法であったことなどを伊藤のヨーロッパ視察の事績から読み取らせる。

　一方，板垣の事績から1874年に政府に意見書を提出して，1日も早く国会を開き国民の意見を聴いて政治を行うべきだと主張したことをつかませる。

　2人の事績を比較させ，天皇中心の西洋に負けない国づくりを急ぐ伊藤と国民の自由や政治参加の国づくりを目指す板垣の考え方の違いについて2人の明治以降の歩みから考えさせることが大切。その際，2人の事績を整理した共通年表を作成させて2人の考え方を整理させるような活動が求められる。

　4複数の写真資料の関連的読み取り

　ここでは，近代の写真資料を扱う。戦後の焼け野原の東京と19年後の東京オリンピック開催と東海道新幹線の開通。そして，今日の繁栄を扱いたい。

図表15-8　東京オリンピックの開会式

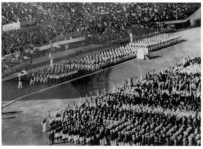

出所）毎日新聞社

図表15-9　東海道新幹線の開通式

出所）毎日新聞社

①資料の読み取り

　児童にとっては，オリンピックは「おもてなし」のキャッチフレーズが身近である。そのオリンピックが戦後の復興から19年後に開催されたことをつかませ，焼け野原の写真と比べ，我が国の独立と国際社会への復帰に気づかせたい。その後，2度の冬季五輪を経て，2020年には4度目のオリンピック開催を迎える我が国の歴史の歩みを共感的につかませる。

②より深める歴史ナビ

「三種の神器」といわれた家電製品の普及や身の回りにあふれる通信機器やインターネットに代表される情報化や国際化の現状に触れさせ，我が国が国際社会の中で重要な位置を占めていることに気づかせたい。さらに，これからの日本において，自分たち一人ひとりが未来社会にどのような役割を担っていくべきなのかなどの未来志向の視点から考えを出し合うような資料の扱いを工夫したい。

2　地域素材の教材化

　第14章で詳しく述べたが，この章に関する地域素材は比較的豊富である。

　歴史のある学校には，明治維新の学制発布に関連する資料も保存されている場合が多い。街道筋や古い町並みには明治，大正期の西洋風の建築物やレンガ造りの建物が残されている。東京駅や富岡製糸場などは好例である。

　地域の神社などには日清・日露戦争の戦没者の慰霊碑や忠魂碑なども見られる。それぞれ明治維新，文明開化などの欧米の文化を取り入れた政策や日清・日露の戦争，条約改正などの学習内容と結びつけ，当時の世の中のようすや人々の願いを表すものとして教材化したい。

3　発展学習──より深く，広く，学ぶ

　この学習で歴史学習が終了する。温故知新とは歴史を学んで未来に生かす言葉だが，ここでは，今までの歴史の学びから，未来に生かせることはないだろうかという視点からの発展学習を考えたい。

たとえば,

　　①我が国が関わった戦争について調べよう。

　　②十七条の憲法,大日本帝国憲法,日本国憲法の違いを調べよう。

　　③日本の歴史を石器の時代,青銅器の時代,鉄器の時代,石油の時代な
　　　どで分けてみよう。

　　④服装の変遷。政治の仕組みの変遷などを調べてみよう。

　子どもの視点から自分なりに我が国の歴史を総括させ,未来への手紙を書
くような学習を期待したい。

確認問題

1　明治維新から大日本帝国憲法発布までの出来事を複数の人物を通して
　指導する際,どのようなことに留意するとよいのか。具体的な人物名を
　挙げて200文字程度で述べよう。

2　条約改正に尽力した人物を数名挙げ,当時のおもな出来事とその人物
　の行った事柄とを関連させて指導する際の留意事項を200文字程度で述
　べよう。

より深く学習するための参考文献
・鎌田和宏監修『絵でわかる社会科事典(2)歴史人物』学研教育出版,2011年

執筆分担

寺本　潔（てらもと・きよし）＝編著者，はじめに，第1章，第3章，
第8章，第11章
玉川大学教育学部教授

伊東冨士雄（いとう・ふじお）＝第2章，第4章，第10章
元玉川大学教師教育リサーチセンター客員教授

小林弘和（こばやし・ひろかず）＝第5章，第14章，第15章
元玉川大学教師教育リサーチセンター客員教授

今尾佳生（いまお・よしお）＝第6章，第12章，第13章
玉川大学教育学部教授

小林勇司（こばやし・ゆうじ）＝第7章，第9章
元玉川大学教師教育リサーチセンター客員教授

教科力シリーズ　改訂第2版

小学校社会

2022年2月25日　初版第1刷発行

編著者 ——— 寺本　潔

発行者 ——— 小原芳明

発行所 ——— 玉川大学出版部

〒194−8610　東京都町田市玉川学園6−1−1
TEL 042−739−8935　FAX 042−739−8940
http://www.tamagawa.jp/up/
振替：00180−7−26665

装幀 ———— しまうまデザイン
印刷・製本 —— モリモト印刷株式会社